Los cinco primeros minutos

Juzgar, hablar, ganar

Si todavía no está puntualmente informado de la aparición de nuestras novedades sobre libros empresariales, con sólo
enviar su tarjeta de visita a:

EDICIONES DEUSTO
Servicio de Promoción
Barraincúa, 14
48009 BILBAO
☎ (94) 423 53 08*

recibirá periódicamente, sin compromiso
alguno por su parte, información detallada
sobre los títulos recién editados.

Los cinco primeros minutos

Juzgar, hablar, ganar

EDICIONES DEUSTO S·A·
Madrid/Barcelona/Bilbao

© Ediciones Deusto, S.A.
Barraincúa, 14. 48009 Bilbao

Los cinco primeros minutos: juzgar, hablar, ganar

ISBN: 84-234-0991-0
ISBN: 84-234-1012-9 (obra completa)
Depósito Legal: B-12562-92
Impreso en España - Printed in Spain

Imprime: Novoprint, S.A., Sant Andreu de la Barca (Barcelona)
Distribuye: Marco Ibérica Distribución de Ediciones, S.A.
        Carretera de Irún, km 13,350,
        variante de Fuencarral,
        28034 Madrid

Índice

Cuestionario

¿Cuál es su tipo de contacto humano?

Usted va a encontrar en este libro, de forma muy detallada, todo lo que hay que conocer de los demás y de la psicología de las relaciones humanas para que los cinco primeros minutos de sus entrevistas con personas conocidas o desconocidas no queden a la improvisación, con los riesgos que ello representa para el posterior desarrollo de las mismas. Pero, antes de emprender este estudio y este aprendizaje, es preciso que se interrogue usted mismo sobre sus aptitudes naturales para los contactos humanos, sobre su comportamiento habitual con los demás, sobre sus hábitos en las reacciones internas o en las actitudes aparentes. Se trata de un examen de conciencia que resulta indispensable. El cuestionario siguiente le permitirá establecer cuál ha sido, hasta este momento, su estilo de contacto humano.

Responda con la mayor sinceridad posible a las preguntas, señalando, para cada una de ellas, la respuesta con la que se siente más de acuerdo. Si, eventualmente, le parece necesario en algún caso, puede señalar dos respuestas. El total es lo que resultará significativo.

---

1. *Si se encontrara en la situación de Robinsón Crusoe, solo(a) en una isla desierta durante varios años, ¿cómo reaccionaría?*
   ☐ a) Ya me imagino el ruido del viento y de las olas, el canto de los pájaros, el grito de los animales, me haría ganadero(a).
   ☐ b) Soportaría la soledad a condición de encontrar, lo más rápidamente posible, uno (o varios) viernes.

☐ c) A veces siento el deseo de retirarme así, a un lugar desierto, para sentirme protegido del mundo y de los demás.

☐ d) Estoy seguro(a) de que sabría afrontar las dificultades y arreglármelas tan bien como el personaje de la novela.

2. *Cuando un amigo o un familiar le pregunta su opinión sobre una ropa que acaba de comprar, sobre un acto que ha realizado, etc., ¿qué hace usted?*

☐ a) Me escabullo. Tengo pánico a dar mi opinión. Además, ¿con qué derecho iba a decirlo?

☐ b) Digo siempre la verdad. A menudo, la gente te pide tu opinión esperando que les mientas o les halagues. Me parece una idiotez.

☐ c) ¿Cómo saber dónde ésta la verdad? Antes de pronunciarme, intento prolongar la conversación para no equivocarme demasiado.

☐ d) La mentira facilita la existencia... ¡y no hace daño a nadie! Siempre procuro agradar.

3. *Cuando era usted más joven y se presentaba ante un examinador para una prueba oral, ¿cómo iban las cosas?*

☐ a) ¡Qué pesadilla! Estaba muerto(a) de miedo y todavía me pregunto cómo conseguía responder.

☐ b) Siempre salía bien del paso; intentaba hablar con el examinador y adaptarme a sus gustos.

☐ c) Los examinadores son unos sádicos, pero yo enseguida les dejaba ver que no me dejaría manejar como un(a) bobo(a).

☐ d) Me informaba previamente sobre sus pequeñas manías y así podía halagarles inocentemente. Siempre me funcionó bien...

4. *Está usted en un tren. En el compartimento hay otros viajeros. ¿Qué ocurre al principio del trayecto?*

☐ a) Con frecuencia, alguien empieza a contarme su vida, sus dificultades, sus preocupaciones...

☐ b) Hago saber, lo antes posible, a los demás mis deseos en lo referente a la temperatura, la ventana, etc.

☐ c) No soporto un silencio muy prolongado y me las arreglo para entablar conversación, al menos de vez en cuando.

☐ d) Me sumerjo inmediatamente en la lectura, para dejar bien claro que no deseo ser molestado(a).

5. *¿Qué piensa de su aspecto físico?*

☐ a) Estoy muy contento(a) de tener un aspecto enérgico, de buena salud, cómodo dentro de mi pellejo: eso es lo más importante.

☐ b) No estoy satisfecho(a) de mi aspecto físico y no me gusta mirarme en el espejo.

☐ c) Me parece muy importante. Lo cuido mucho. Intento siempre estar impecable y con mi mejor aspecto.

☐ d) Hay personas que me encuentran agradable, otras no. Así es la vida...

---

6. *Se reúne usted con alguien que sabe que acaba de tener un problema muy grave. ¿Cómo se comporta usted?*

☐ a) Depende de la actividad de la persona en cuestión: si habla de sus problemas, me amoldo y le sigo la conversación; si no, es que no le apetece hablar de ello y no digo nada.

☐ b) En los momentos difíciles es cuando uno reconoce a sus amigos: intento ayudarle en lo posible, hacerle un favor, distraerle, etc.

☐ c) Empiezo por testimoniarle mi simpatía y aportarle mi consuelo, pero yo creo que no hay que extenderse en el tema de las desgracias y paso a abordar otros asuntos.

☐ d) No tengo la menor idea sobre cómo abordar el problema y me despido rápidamente de dicha persona para no molestarla.

---

7. *Cuando era usted adolescente, ¿cómo eran sus relaciones con el «sexo opuesto»? (o: si es usted actualmente muy joven, ¿cómo son? Ponga entonces las preguntas en presente).*

Para los hombres:

☐ a) Me resultaba muy difícil, casi imposible, abordar a una chica a la que no conociera.

☐ b) No conseguía plegarme a todos los remilgos que imponen, más o menos, las chicas a los chicos.

☐ c) No recuerdo haber tenido ningún problema en particular. Entre mis amigos había muchas chicas.

☐ d) Pues bien, puedo asegurar... ¡que tuve muchos éxitos bien pronto!

Para las mujeres:

☐ a) Yo siempre empezaba burlándome de los chicos: tenía la lengua afilada, ¡y me daba buenos resultados!

☐ b) Confieso que, muy pronto, tuve deseos de agradar y de ser seductora.

☐ c) Me sonrojaba cuando un chico me miraba. Los chicos más bien me asustaban.

☐ d) Tenía muchos amigos entre los chicos, que se encontraban, creo yo, muy a gusto conmigo.

8. *¿Qué opinión le merecen los test de selección profesional?*

☐ a) Son una forma de examen, ¡y me asustan todos los exámenes! Nunca consigo dar en ellos lo mejor de mí mismo.

☐ b) Los test sólo son instrumentos. Lo importante es la capacidad de quien vaya a analizarlos.

☐ c) Los encuentro estimulantes. Representan una dificultad a superar, un obstáculo a franquear, ¡y la esperanza de hacerlo mejor que los demás!

☐ d) No creo mucho en ellos. Creo que, al final, los empleadores toman su decisión a «ojo».

9. *Se reúne usted con alguien con quien, hasta ese momento, en sus mutuas relaciones, siempre habían mantenido el tratamiento de «usted». Y, repentinamente, él le tutea. ¿Cómo reacciona usted?*

☐ a) Tanto si estoy de acuerdo como si no con pasar a una situación de tuteo, me permito hacer la observación de que esa decisión deben tomarla las dos partes.

☐ b) Tomo nota del hecho y paso a tutearlo yo también.

☐ c) Me siento muy molesto(a) por el hecho. No digo nada, pero, por lo que a mí se refiere, me las arreglo, al principio, para no tener que decir ni «tú» ni «usted».

☐ d) Me siento encantado(a) con su iniciativa y se lo hago saber.

10. *Cuando tiene usted que hacer una gestión administrativa complicada, ¿cómo se las arregla?*

☐ a) Tengo muchos «trucos»: siempre me las compongo para que alguien me ayude, para simpatizar con un(a) empleado(a), etc.

☐ b) De forma normal, creo yo. No veo ningún inconveniente personal en comprender las instrucciones que se me dan y en seguirlas.

☐ c) Yo no me dejo manejar, y sé mostrarlo rápidamente. Los empleados ven enseguida a quién tienen delante.

☐ d) En la medida de lo posible... ¡por correo! Puede que sea más largo, pero, para mí, más fácil.

11. *Debe reunirse con una personalidad muy importante. ¿Cómo se desarrollan las cosas?*

☐ a) Mal. Desafortunadamente, estoy muy impresionado(a) y me veo incapaz de ser yo mismo.

☐ b) Importante o no, es un ser humano como yo, y me esfuerzo por mantenerme en un plano de igualdad con él.

☐ c) No intentaría quitarle su máscara de «importante», pero no me dejaría impresionar.

☐   d)   Estoy dispuesto(a) a los compromisos necesarios para agradar-
         le o para interesarle.

---

12.   *Usted llega donde un grupo de amigos o de colegas que hablaban
de un tema que usted no conoce, y la conversación continúa. ¿Qué
hace?*

☐   a)   Me las arreglo para que se ocupen de mí, que me expliquen
         lo que pasa, que me «metan en el ajo».
☐   b)   Nada. ¿Qué podría hacer? Espero a que terminen.
☐   c)   Me integro lo más rápidamente posible, tranquilamente, inclu-
         so, eventualmente, sin decir nada.
☐   d)   Me parece extremadamente descortés y lo doy claramente a
         entender, sin miramientos.

---

13.   *¿El futuro confirma o no la primera impresión que usted tuvo de
alguien?*

☐   a)   Sólo al cabo de un tiempo bastante largo consigo conocer un
         poco a las personas.
☐   b)   Veo, efectivamente, bastante deprisa y con bastante exactitud
         cómo comportarme con alguien.
☐   c)   Mis primeras impresiones son bastantes atinadas, pero muy in-
         completas, el futuro me permite ampliarlas.
☐   d)   Noto a primera vista los defectos y los puntos débiles de la
         gente, y rara vez me equivoco.

---

14.   *Un(a) conocido(a) luce una vestimenta que a usted le parece fea,
ridícula, demasiado o no lo bastante a la moda, etc. ¿Qué hace usted?*

☐   a)   Se lo digo, porque creo que le hago un favor.
☐   b)   Aunque tuviera ganas de señalárselo, no me atrevería proba-
         blemente.
☐   c)   Intentaría, posteriormente, saber lo que ha podido motivar la
         elección de semejante vestimenta, pero evitaría emitir un jui-
         cio.
☐   d)   Depende. Si se trata de una excentricidad, mi tendencia es
         aprobarlo. De otro modo, me callo.

---

15.   *Al comienzo de una conversación su interlocutor le dice que habla
usted demasiado bajo y le pide que repita elevando el tono. ¿Cuál es su
reacción?*

☐   a)   Intento hacer una pequeña broma, una pirueta, para convertir
         ese pequeño incidente en algo agradable y sin importancia.
☐   b)   Lo repito elevando el tono de mi voz y me preocupo de que
         se me oiga bien durante el resto de la conversación.
☐   c)   Me ocurre a menudo. Es un defecto que no consigo corregir.
☐   d)   Esa persona estaba, seguramente, distraída y pensando en otra

cosa. Me las arreglo para que quede claro que no me dejo engañar.

16. *¿Cree usted en la morfopsicología, es decir, el arte de conocer la personalidad de los demás a partir de la forma del cuerpo, los rasgos del rostro, etc.?*

☐ a) Es interesante. De todas formas, me encanta hacer el retrato psicológico de las personas; es algo que les asombra y les divierte.

☐ b) Manejada con intuición, puede ser un buen instrumento de conocimiento del prójimo. Su peligro: quedarse en las apariencias.

☐ c) Son sutilezas teóricas que no ayudan en nada a afrontar las realidades prácticas de la vida.

☐ d) Sí, bastante, ella me permite reflexionar solo(a) y con la cabeza reposada sobre el posible carácter de las personas que conozco o con las que me reúno.

17. *Se encuentra usted, por casualidad, con un amigo, un conocido, alguien con quien ha tenido relaciones y a quien no ha visto desde hace tiempo. ¿Qué ocurre?*

☐ a) Puesto que ha sido por casualidad, eso indica que esta persona no ha hecho ningún esfuerzo por verme; yo no voy a hacer, por mi parte, ningún esfuerzo por hablarle.

☐ b) La conversación decae rápidamente y me doy cuenta de que no tenemos gran cosa que decirnos.

☐ c) Depende; si la persona parece contenta, tanto mejor; si no, prefiero no ponerle en un aprieto.

☐ d) Deseo reanudar la relación e intento encontrar algo que lo permita (una invitación, por ejemplo).

18. *¿Cuál es para usted la principal característica de alguien «simpático»?*

☐ a) Alguien que me aprecia y me admira, o del que deseo que me aprecie y me admire.

☐ b) Alguien con quien pueda ser realmente yo mismo.

☐ c) Alguien cuya personalidad, conversación, actividad, etc. son «interesantes».

☐ d) Alguien capaz de compartir mis puntos de vista.

19. *En general, ¿cómo transcurren las cosas inmediatamente después de su despertar matinal?*

☐ a) Me siento lleno(a) de energía y me gusta mucho que las personas de mi entorno la tengan también.

□ b) Me siento inmediatamente de buen humor: me encanta reír por la mañana, e intento agradar a todos los que me rodean.

□ c) Depende. Hay días «con» y días «sin». A menudo, tendría buenas ganas de volver a dormirme.

□ d) Todo transcurre tranquilamente. Tomo mi tiempo para ponerme a funcionar. Me gusta que esos instantes sean relajados.

---

20. *¿Qué relaciones tiene usted con su médico habitual?*

□ a) Considero indispensable que no se ocupe exclusivamente de mi salud, sino también de mis problemas personales.

□ b) Una vez solucionados mis problemas de salud, me gusta que me cuente lo que ocurre con sus pacientes o en el mundo de la medicina: resulta instructivo y, a veces, sorprendente.

□ c) No tengo con él más relaciones que las estrictamente profesionales; considero, además, que los médicos son generalmente demasiado curiosos.

□ d) Yo sé, de antemano, lo que tengo y lo que quiero cuando voy a verle (determinado medicamento o una baja médica, etc.), ¡y lo obtengo!

---

21. *Cuando usted ha comenzado por decirle no a alguien y éste insiste y renueva su solicitud, ¿qué hace usted?*

□ a) Me gusta hacerme de rogar; a menudo comienzo por decir no, para dar después más valor a mi sí.

□ b) Siempre acabo cediendo, ya que soy incapaz de perseverar en mi rechazo.

□ c) Cuando yo digo no, es no.

□ d) Es muy raro que yo empiece así, diciendo no. Generalmente, espero un poco antes de dar mi respuesta.

---

22. *«Demasiado cortés para ser honrado»: ¿qué piensa usted de esta fórmula?*

□ a) Estoy totalmente de acuerdo con esa fórmula. ¡No soporto a los zalameros ni a los aduladores!

□ b) Las personas «demasiado corteses» me desconciertan... y me dan envidia; me gustaría tener su soltura. ¿Que no son honrados? No lo sé.

□ c) ¡Me pregunto si no será ése un reproche que se me pueda hacer!

□ d) En cualquier caso, yo creo que más vale un exceso de cortesía que una carencia.

---

23. *Alguien tiene algo que decirle, usted lo sabe positivamente, pero la persona en cuestión comienza «andando por las ramas». ¿Qué hace usted?*

☐ a) Es porque se encuentra en una situación embarazosa. Intento tranquilizarle poco a poco.

☐ b) Detesto ese tipo de actitud. Obligo inmediatamente a dicha persona a «desembuchar».

☐ c) Espero un poco, pero, si tarda demasiado, la reconduzco al buen camino para quitarle un peso de encima... y quitármelo yo también de paso.

☐ d) Me gustaría ayudarle a echar fuera lo que tiene que decir, pero me resulta difícil.

24. *Cuando el principio de una película, de un libro, de una emisión, etc., no le gusta, ¿qué hace usted?*

☐ a) Abandono inmediatamente. Y me cuesta mucho soportar la pasividad de las personas ante la mediocridad.

☐ b) Si estoy solo(a), abandono. Si no, dependo de los demás, y entonces el problema es complicado.

☐ c) Generalmente, sé de antemano lo que me va a gustar o no; procuro evitar lo que puede repelerme.

☐ d) Sigo siempre hasta el final: no me dejo desanimar por los comienzos difíciles o desagradables.

25. *Cuando tiene que hacer usted una petición a alguien de viva voz, ¿cómo se las arregla?*

☐ a) Es toda una prueba. A veces no consigo hacerlo a la primera.

☐ b) Digo lo que tengo que decir. Lo que me fastidia es que, a menudo, la gente tarda mucho tiempo antes de decir sí o no.

☐ c) Espero el «momento» psicológico, el momento en el que mi petición sea oportuna, para los demás y para mí.

☐ d) Me organizo un poco con anterioridad, «preparo el golpe» para obtener lo que deseo. ¡Y, generalmente, la cosa funciona!

26. *Está usted con un extranjero que no sabe una sola palabra de su idioma. Usted tampoco sabe ni una sola palabra del de él. ¿Qué ocurre?*

☐ a) Se pueden decir muchas cosas, en cualquier caso, las cosas importantes.

☐ b) Estoy seguro(a) de que es posible tener una auténtica conversación en esas condiciones; personalmente, esa dificultad me estimularía.

☐ c) Nada. ¿Qué va a ocurrir? Es una situación absurda.

☐ d) Intento encontrar una forma de comunicarme, pero no creo que pueda acabar lográndolo.

27. *Cuando contrata usted personal, ¿cómo lo hace? (Si no lo ha hecho nunca, intente imaginar cuál sería su actitud.)*

☐ a) Mi agencia de contratación es la que se encarga de todo. Yo
        sólo veo a las personas en cuestión una vez contratadas.

☐ b) Hablo largo y tendido con los «candidatos»: es algo que me
        lleva mucho tiempo, pero que, después, da sus frutos.

☐ c) Recibo a los candidatos válidos, pero muy rápidamente, y en-
        seguida tomo mi decisión.

☐ d) Me entrevisto con algunos candidatos, contrato a uno de ellos
        y mantengo un contacto más o menos regular con los demás,
        es algo que siempre resulta útil.

28. *¿Presta usted sus libros, sus discos, sus instrumentos de trabajo,
etc.?*

☐ a) Sí, si la otra persona los necesita realmente, si es por «hacer
        un favor».

☐ b) Nunca. Porque o no te los devuelven o te los devuelven de-
        teriorados.

☐ c) Esto puede resultar de utilidad: presto —o incluso regalo— y,
        después, estoy en mejores condiciones para pedir cualquier
        cosa.

☐ d) No es que me guste hacerlo, pero, si me lo piden, no sé ne-
        garme.

29. *¿Cree usted que tomar lecciones de dicción favorecería sus contactos humanos?*

☐ a) Seguramente. De hecho, creo que mis dificultades en las re-
        laciones con los demás se deben a un mal dominio del lengua-
        je.

☐ b) Probablemente no. A decir verdad, yo prefiero escuchar a los
        demás cuando hablan que hablar yo mismo(a).

☐ c) Yo desconfío de los «picos de oro». No deseo convertirme en
        uno de ellos. Yo siempre consigo decir lo que tengo que decir.

☐ d) La palabra es un arma maravillosa; se pueden obtener muchas
        cosas sabiéndola utilizar.

30. *¿Tiene usted, en general, la impresión de que la gente le quiere o
de que no le quiere?*

☐ a) Confieso que me encantaría que todo el mundo me quisiera.

☐ b) Es un problema de intercambios entre los demás y yo, y no
        sólo de mi impresión particular.

☐ c) Me da exactamente igual, Yo sólo me preocupo de los senti-
        mientos de mis allegados y de mis colaboradores.

☐ d) Creo que es necesario conocerme realmente bien para querer-
        me.

Rodee con un círculo, en las columnas del cuadro adjunto, la letra a, b, c o d que corresponda a su respuesta.

Preguntas		I	II	III	IV
1		c	d	a	b
2		a	b	c	d
3		a	c	b	d
4		d	b	a	c
5		b	a	d	c
6		d	c	a	b
7	H	a	b	c	d
7	M	c	a	d	b
8		a	d	b	c
9		c	a	b	d
10		d	c	b	a
11		a	b	c	d
12		b	d	c	a
13		a	d	c	b
14		b	a	c	d
15		c	d	b	a
16		d	c	b	a
17		b	a	c	d
18		b	d	c	a
19		c	a	d	b
20		c	d	b	a
21		b	c	d	a
22		b	a	d	c
23		d	b	a	c
24		b	a	d	c
25		a	b	c	d
26		d	c	a	b
27		a	c	b	d
28		d	b	a	c
29		a	c	b	d
30		d	c	b	a
Total					

Columna I

Si esta columna domina claramente

Su problema es la timidez. Ésta representa un serio obstáculo en su vida, pero que le paraliza particularmente en los comienzos de cualquier clase de contacto, incluso cuando se trata de personas a las que ya conoce. Los demás le asustan, y usted no reacciona con la necesaria energía ante este miedo; se encierra usted en sí mismo(a) y se retira a su caparazón. Las relaciones humanas son, pues, para usted, la mayoría de las veces, fuente de sufrimientos. Pero usted no es en absoluto consciente del hecho de que su actitud perturba y de que incluso puede hacer sufrir a los demás. Usted no se da cuenta porque tiene tendencia a creer que los demás son invulnerables. Como todos los tímidos, no quiere reconocer, ante sí mismo, que siempre se interesa mucho más por usted que por los demás. Severamente, podría decirse que usted es un «enfermo imaginario» del contacto humano. De manera más indulgente, su timidez es el signo más aparente de un cierto desasosiego vital, doloroso pero narcisista. Un pequeño consejo de sentido común: interésese por los demás.

Si simplemente es mayoritaria

Tener que reunirse con los demás, allegados o extraños, es algo que a menudo le incomoda y le perturba. El análisis que se puede hacer de sus resultados varía según las subdominantes.

Columna II subdominante

Es usted capaz de explosiones de agresividad, centelleantes, revolucionarias al límite, una vez superado su retraimiento instintivo. Es usted una de esas personas de quienes se dice: «Del agua mansa me libre Dios, que de la brava me cuidaré yo.» Su violencia natural no siempre se inhibe, sino, más bien, se destila.

Columna III subdominante

Cuando se le conoce bien, es usted adorable. Tras su máscara de torpeza o de desconfianza hay un ser lleno de ternura y de sensibilidad. Usted tiene, probablemente, un comportamiento social aparentemente muy discreto, demasiado discreto, pero, tal vez, usted se encuentre bien así.

Columna IV subdominante

Usted reserva toda su energía de contacto para determinadas personas. Lo mismo es usted generalmente retraído(a) y no se siente implicado(a) como, con las personas elegidas, es usted complicado(a), apasionado(a), posesivo(a), «pegajoso(a)» al límite. Con usted, el todo o nada.

Columna II

Si domina muy claramente

No se puede decir que usted tenga precisamente un buen carácter. Se complace en verse como una persona agresiva, pero los demás tendrán seguramente tendencia a calificarle de brutal. Usted reacciona con bastante violencia ante cualquier apariencia de ataque que le concierna. Esto es casi una obsesión para usted; si esta columna es demasiado claramente dominante, cabría casi decir que usted roza la manía persecutoria. Esa armadura punzante que le ampara la utiliza para proteger su profunda vulnerabilidad. Pero es una protección excesiva: por norma, usted ni siquiera espera a ser atacado(a); usted parte del principio de que siempre corre el riesgo de ser atacado(a). ¿Es usted consciente del hecho de su gran impopularidad? Por otro lado, su actitud le hace dividir el mundo en dos: los que están de su lado, los mejores, y luego los demás. Esto es una forma de racismo o, cuando menos, de elitismo. Pero este sistema no le hace a usted realmente feliz. El día que descubra que, aunque no lleve armadura, los demás no van a precipitarse sobre usted para «pegársela», el mundo se iluminará y su vida resultará mucho más fácil.

Si es simplemente mayoritaria

Usted tiene púas como un erizo. Pero ¿qué hay debajo?

Columna I subdominante

Usted es un tímido(a) que oculta su timidez bajo una máscara de agresividad. Usted ataca por temor a que le ataquen. En lo que a usted concierne, es un sistema de protección bastante eficaz, pero los demás sólo ven la agresividad, y no lo que hay detrás.

Columna III subdominante

Es ésta una combinación relativamente rara. Su método de relaciones humanas es de «segundo grado». Por un lado, cultiva usted una especie de humor, agresivo e ingenioso y, por otro, usted no agrede realmente a los demás. Les pone a prueba. Y les quiere usted, pese a todo. Su contacto es enriquecedor, pese a su apariencia de pocos amigos.

Columna IV subdominante

¿Agresivo(a) y posesivo(a)? ¡Pues bien!, usted es un sádico(a). Sólo se interesa por las personas que le quieren una vez que les ha hecho usted daño. En sus reuniones usted siempre está al acecho, listo para paralizar a su presa... ¡y a tranquilizarla al mismo tiempo! Su contacto humano es intenso, pero... un poco neurótico, si me permite el término.

COLUMNA III

Si domina muy claramente

Usted tiene un buen, muy buen contacto con los demás, pero porque se mantiene usted fuera del círculo. Si esta columna domina demasiado claramente, o bien es usted psicoanalista o bien es digno de serlo. Usted ve siempre los resortes secretos de los demás: no se «aprovecha» de ello, pero lo toma como guía para organizar su comportamiento. Ciertamente, todo transcurre siempre muy bien con el prójimo: usted sabe escuchar y responder del modo adecuado, nunca se equivoca en lo referente a las motivaciones de los demás; éstos, sin duda, sienten gran placer, incluso, en hacerle a usted, con frecuencia, partícipe de sus confidencias. Usted es alguien a quien se puede recurrir. Pero hay una cierta deshumanización en su exceso de humanidad. La gente conversa con usted, encuentra admirables su psicología, su intuición, su comprensión y, después, mirándolo bien, puede sentirse irritada por el lado «gurú» de su personalidad. ¿Acaso no tiene usted debilidades, defectos, carencias? A fuerza de querer, demasiado y todo el tiempo, agradar a los demás, ¿está usted seguro de tener realmente una existencia propia?

Si es simplemente mayoritaria

Columna I subdominante

Está dotado(a) de delicadeza, de eso que se suele llamar un «buen corazón». Usted comprende perfectamente a los demás, lo que son, lo que desean, pero no siempre sabe bien cómo demostrarlo. Usted se atiene, por seguridad personal, a ciertas formas externas del contacto humano.

Columna II subdominante

Una parte de usted ama a los demás y les comprende, pero hay otra que se aferra a un determinado sistema de valores, bastante rígido, que clasifica a los seres (buenos/malos, derecha/izquierda, etc.). Es probable que su comportamiento relacional case mal, en ese caso, con la intransigencia de que hace gala.

Columna IV subdominante

Usted se ha construido o se construye su universo relacional tenazmente. Socialmente, profesionalmente, familiarmente, usted está seguramente muy bien integrado. Las personas cuentan con usted y usted cuenta con ellas. Para usted un ser humano sólo existe real y completamente si le «pertenece», pero eso no significa que los demás le sean indiferentes.

Columna IV

Si domina muy claramente

Su contacto es vibrante, cálido, intenso. Usted desea, siempre y en todo lugar, agradar, seducir, dejar huellas de su paso. Es usted muy hábil en ese terreno. A poco que se le conozca, se le recuerda. Su astucia es inocente. Sus trucos transparentes. Las personas se dejan atrapar en sus maniobras de muy buen grado. Como es evidente, ese vasto sistema diplomático devora sus energías. ¿Está esto realmente justificado? Porque usted no se dirige nunca al corazón de los demás, y los otros tampoco le llegan fundamentalmente a usted. Se arriesga, pues, a reemplazar la cantidad por la calidad; usted habrá creado seguramente una especie de vasta red de «amigos», más o menos allegados. Su vida social es activa e intensa, lo que le produce muchas satisfacciones «mundanas». Pero, de vez en cuando, usted debe tener la impresión de que, sin embargo, se le escapa algo, algo que sólo se encuentra en la exclusividad.

Si es simplemente mayoritaria

Columna I subdominante

Le gusta ganarse a los demás, pero con reticencias, sobre seguro. Usted espera, cual araña paciente y sagaz, para abalanzarse sobre los demás, seducirles, atraerles a su universo. Una vez que están en él, lo están claramente.

Columna II subdominante

Probablemente, su vida es una especie de enorme comedia, salpicada a veces por la tragedia o, cuando menos, por el drama. Las relaciones con los demás nunca son sencillas para usted. Sabe establecer contactos de encanto y seducción, pero, al mismo tiempo, le gusta hacer daño. De todos modos, nadie se aburre con usted, aun cuando sufra.

Columna III subdominante

Usted es una especie de «genio» entre los de su clase. Usted comprende tan bien y tan rápidamente a los demás, que no puede evitar manipularlos y ponerlos a su merced. El contacto humano con usted es intenso, pero peligroso para el libre albedrío.

Capítulo 1

¿Quién es el otro?

EL ROSTRO

A todos nos gustaría ser un poco morfopsicólogos, uno de esos brujos sagaces que echan una ojeada indiferente de unos pocos segundos sobre tu rostro cuando les abordas y te dicen: «Usted es una persona muy laboriosa y muy escrupulosa», o bien: «Usted dispersa demasiado su energía vital», o también: «Usted es muy combativo, casi brutal.» Y usted se queda atónito, ¡porque es verdad!

¿Cómo lo hacen? Sería enormemente práctico poder hacer otro tanto cada vez que nos reuniéramos con alguien: sabríamos quién es desde el primer momento y, así, podríamos adaptar, en consecuencia, nuestra actitud, nuestras palabras, nuestro comportamiento. Así, el contacto tendría muchas más posibilidades de partir con buen pie y continuar del mismo modo. A la mayor satisfacción de todos: vendedor y cliente, candidato y futuro patrón, profesor y alumno, vecinos de mesa en un banquete, médico y enfermo, etc. Y, por otra parte, a las personas que conocemos —que creemos conocer—, significaría abordarlas con una nueva visión, más aguda, más auténtica. Pues bien, eso no es tan complicado.

Este capítulo le dará, de una forma relativamente detallada, los puntos clave y los detalles que le permitan saber, con bastante rapidez, quién es el otro. Pero, antes incluso de este análisis, es posible, mediante una primera ojeada, en breves segundos y de forma sintética, descubrir lo esencial.

He aquí, según el propio R. Denis *, de quien hemos tomado prestadas las nociones morfopsicológicas que citamos a continuación, lo que una lectura inmediata puede revelarnos de un rostro:

1. *El marco:*

   — Si es ancho y profundo, el potencial de recursos energéticos y sociales es considerable.
   — Si es estrecho y poco profundo, ese potencial es reducido.

2. *La lectura del rostro:*

   — Alto: reacciones lentas.
   — Corto: reacciones rápidas.

3. *El moldeado:*

   — Musculoso: buena actividad motriz.
   — Carnoso: vitalidad y sensualidad.
   — Adiposo: inactividad motriz y sensualidad gastronómica.
   — Aplastado: insensibilidad, falta de sociabilidad.
   — Fofo, demacrado, consumido: falta de vitalidad.
   — Redondo: feminidad, falta de energía.

4. *La textura de los tejidos:*

   — Finos: sensibilidad, feminidad.
   — Gruesos, espesos: materialismo.

5. *La tez:*

   — Tez pálida: escasa vitalidad, linfatismo.
   — Tez mate: sensorialidad profunda.
   — Tez gris: dominancia del temperamento nervioso.
   — Tez morena: energía, virilidad, temperamento bilioso.
   — Tez colorada: vitalidad, extroversión, temperamento sanguíneo.
   — Tez sonrosada: feminidad.
   — Irrigación irregular de los tejidos: emotividad.

Estas primeras observaciones, aunque someras, son capitales, ya que ilustran el tono general del análisis de las diferentes partes del rostro.

---

* R. Denis: *Le visage de l'homme* (París, SABRI, 1961).

Breve historia de la morfopsicología

De entrada, unas palabras sobre la morfopsicología misma. El término quiere decir: estudio de la personalidad interior a través de la observación de las formas externas. Esto nos hace remontarnos hasta el venerable Hipócrates; fue él, médico de hace dos mil quinientos años, quien clasificó a toda la humanidad en cuatro categorías: los linfáticos (o flemáticos), los sanguíneos, los biliosos (o coléricos) y los nerviosos (o atrabiliarios o melancólicos). Gran éxito durante siglos. Luego la morfopsicología evolucionó con bastante lentitud *. Era más una diversión de salón que otra cosa.

A finales del siglo pasado y a principios de este siglo, con la gran efervescencia de la psicología, la morfopsicología adquirió carácter científico: en Francia, a través de dos médicos, el doctor Sigaud y el doctor Corman; en Italia, a través de numerosos investigadores, y en los Estados Unidos, en las universidades. Los especialistas de la contratación profesional pueden utilizarla actualmente como una de sus principales técnicas, junto a la grafología, los test, los cuestionarios de personalidad. Ellos son los grandes usuarios de la morfopsicología; en su contacto con la realidad concreta, han ahondado en ella, la han racionalizado, afinado y, sobre todo, simplificado.

Puede decirse que, antaño, había una masa de notaciones que recurrían a la intuición empírica y que, actualmente, hay algunos principios sencillos que recurren a la comprensión inteligente.

Las tres operaciones

Al principio de toda reunión o entrevista, en los primeros minutos, se tienen muchas cosas en la cabeza. El otro está allí. Se mueve. Habla. Yo estoy allí. Me muevo. Hablo. Pero una breve mirada a su rostro puede permitirme, como a un morfopsicólogo profesional, descubrir lo esencial del carácter del otro. Tengo que hacer las tres operaciones siguientes:

— dividir, horizontalmente, el rostro en tres partes;
— definir la forma general del contorno;
— observar el lugar que ocupa en el rostro el conjunto ojos-nariz-boca.

---

* Para más precisiones ver J. Gaussin: *Le visage* (París, Retz-CEPL, 1973).

Vamos allá, intentando comprender *por qué* y *cómo*, antes de pasar a la aplicación.

El rostro: un mundo de tres niveles

Algo en lo que todos los morfopsicólogos están de acuerdo es que el rostro es un mundo de tres niveles. Está la zona superior o zona del pensamiento; después, la zona media o zona del contacto, y, finalmente, la zona inferior, que es la zona del instinto o de la acción, según las interpretaciones. Pero ¿por qué esta clasificación jerárquica? ¿Por qué el pensamiento habría de ser «superior» al contacto humano? ¿Por qué el contacto humano, a su vez, sería superior a algo que no se sabe cómo denominar, instinto o acción, según los casos?

La mandíbula del mono y la frente del hombre

Es importante presentar esta objeción de entrada, porque parece primordial. De hecho, esta clasificación escalonada del rostro humano es una simple consecuencia de la evolución biológica. De los cuadrúpedos a los primates, de los primates al hombre —como nos enseñaron a todos en clase de ciencias naturales—, se produce un enderezamiento del perfil y un aumento progresivo de la bóveda craneana, y particularmente de su parte frontal. No se trata sólo de un aumento de la «inteligencia», en el sentido estricto y técnico del término, sino de la creciente centralización de la corteza cerebral sobre todo el conjunto de las funciones y de las actividades, es decir, la conciencia y la voluntad.

Así es como, por la evolución biológica, se puede comprender que el nivel inferior del rostro humano sea el del instinto o el de la acción; entre los animales, la mandíbula es el órgano fundamental de la acción vital: se abalanza sobre las presas, recoge, retiene, es arma y herramienta. Pero, a medida que la evolución progresa, la mano se convierte en el órgano de la acción, de ahí la posición vertical, el enderezamiento del perfil y la progresiva disminución de la importancia de la mandíbula. Pero, no obstante, ésta permanece vinculada a las fuerzas vitales más primitivas y profundas.

Ojos, nariz, boca, orejas: órganos de los sentidos y vías de comunicación

Así pues, los morfopsicólogos no han decidido por «decreto» lo que nos enseña la frente o lo que nos enseña el mentón. Y lo mismo podemos decir de la zona llamada «media». Voy a recurrir nuevamente a la comparación con los animales: en la mayoría de ellos el humor del momento, así como los rasgos de carácter fundamentales, se leen gracias a sus orejas, que son grandes, visibles, móviles. Según el grado de la evolución, los signos que emiten las orejas se van completando con los ojos, la nariz y la boca. En el ser humano las orejas, los ojos, la nariz y la boca se encuentran en un mismo plano: la zona media del rostro. Éste es el nivel de la comunicación, del contacto, de la sensibilidad, de la afectividad.

LAS TRES ZONAS DEL ROSTRO: PENSAMIENTO, CONTACTO, ACCIÓN

Pensamiento dominante: falta de exteriorización

Cuando la zona del pensamiento es claramente dominante eso indica que la inteligencia es grande; si hay un claro desequilibrio con las otras zonas, es que la reflexión precede a la acción, hasta el punto, incluso, de impedir que se realice o de volverla ineficaz. El rasgo de carácter que esto produce entonces es una gran dificultad para exteriorizarse.

Kant, filósofo
alemán, 1724-1804

Contacto dominante: riqueza de la sensibilidad

Aquellos en los que la zona media del rostro es la más importante son seres de contacto. Tienen una rica sensibilidad y prefieren, por lo tanto, sentir a reflexionar o actuar. Privilegian la intensidad de las vivencias frente al control y a la elección razonadas.

Musset, escritor
francés, 1810-1857

Acción dominante: vida física vegetativa o musculosa

La tercera zona es la llamada bien la de la «acción» o bien la del «instinto». Guarda relación directa con las fuerzas fisiológicas.

Cuando esta zona es musculosa (robusta): actividad física, energía. Cuando es adiposa: blandura, vida vegetativa. En ambos casos, falta de sensibilidad.

Enrique VIII,
rey de Inglaterra
entre 1509 y 1547
(1491-1547)

Igualdad de las tres zonas: el rostro de los dioses

La igualdad entre las tres zonas es bastante rara en la vida normal. Esto significaría un equilibrio perfecto entre el pensamiento, la relación con los demás y la vida profunda del cuerpo. Es el rostro de las personalidades ricas y realizadas, que viven, sienten y piensan intensamente. En la antigüedad era como se representaba el rostro de los dioses.

Dickens, novelista
inglés, 1812-1870

Los músculos y los huesos: de la dilatación a la retracción

Éste es el segundo gran principio de la morfopsicología. ¿De qué se trata? Todo surgió de la observación de que, en el momento de su nacimiento, los niños tienen un rostro dilatado, redondo, sin ángulos. Los niños son iguales ante los problemas de la vida; no tienen que buscar las soluciones: éstas les son aportadas, ya que la adaptación inicial es automática. Luego, poco a poco, las cosas cambian: el ser humano deja atrás la infancia y entra en la «lucha por la vida». Entre lo que quiere y lo que puede, entre sus pulsiones y sus necesidades,

	Los dilatados: *los carnosos que se desgastan*	**Los retraídos:** *los huesudos que resisten*
Forma del rostro	Se inscribe en: — un círculo o — un óvalo ancho o — un cuadrado con los ángulos redondeados. Carne dominante.	Se inscribe en: — un triángulo o — un óvalo alargado o — un rectángulo. Osamenta dominante.
Vitalidad	— Abundancia de energía, gastada en numerosas realizaciones. — Riesgo de despilfarro y de agotamiento prematuro.	— Energía de conservación. — Tendencia a la mesura y al ahorro. — Gran longevidad.
Vida instintiva	— Exteriorización de todas sus pulsiones (glotones, sexuales, combativos, coléricos).	— Pulsiones contenidas, intensas, aplazadas.
Vida afectiva	— Abundante sociabilidad. — Necesidad de compañía. — Fácil expresión de los sentimientos.	— Sociabilidad muy selectiva. — Tendencia a la soledad. — Taciturnidad.
Inteligencia	— Sentido de lo concreto. — Intuitivo. — Flexibilidad de adaptación.	— Gusto por las ideas abstractas. — Reflexión. — Rigidez.
Adaptación social	— Docilidad ante las opciones de la mayoría.	— Individualidad y deseo de no dejarse influir.
Cómo actuar con ellos en los cinco primeros minutos	— Proponerles rápidamente una ocasión de acción. — Halagar su alegría de vivir (confort, comida, bebida). — Dejarles expresarse tanto como les apetezca. — Proponerles ideas prácticas y concretas. — No asustarles con ideas originales.	— Adaptarse a su ritmo sin atropellarles. — No tomarse confianzas con ellos ni sugerirles hacer lo propio. — Hablar nosotros de entrada hasta que ellos se decidan a hablar. — Comenzar con un intercambio de consideraciones teóricas. — Señalar la originalidad de sus puntos de vista.

por un lado, y los obstáculos y las limitaciones, por otro, el ser humano se crea líneas de fuerza, que le modelan tanto física como psíquicamente. Es, pues, el campo de batalla de dos fuerzas antagónicas, complementarias en todo caso: la tendencia a la expansión «que nos hace lanzarnos a la conquista del mundo que nos rodea» (doctor Corman) y la tendencia a la conservación, «instinto característico de la vida», en la que el individuo se retrae para defenderse. En el rostro es donde mejor se ven las huellas de este doble movimiento: en muchas personas está equilibrado. Pero hay un cierto número de personas cuyos rostros están manifiestamente más bien dilatados o manifiestamente más bien retraídos. Entonces es cuando se pueden sacar directamente conclusiones sobre los rasgos fundamentales de su personalidad: bien las características de la expansión fácil en la vida, en los contactos o bien las características de la adaptación difícil, del retraimiento en su concha.

Si un *dilatado* de rostro redondo adelgaza 20 kilos, ¿se convierte, entonces, en un retraído? Ésta no es una pregunta capciosa. La psicología de la obesidad y del adelgazamiento muestra que, efectivamente, los individuos cambian psicológicamente según su peso fisiológico. Además, la edad se marca en el rostro mediante modificaciones muy visibles de dilatación o de retracción: el niño es dilatado, la tercera o la cuarta edad hunde el rostro y lo retrae. Y es evidente que ésta es una manifestación legible y coherente de modificaciones de la personalidad. Asimismo, por término medio, un rostro femenino es más dilatado que un rostro masculino.

Sean causas o consecuencias, estas diferencias en la apariencia corresponden a diferencias psicológicas.

El marco y el retrato: energía disponible y energía gastada

El tercer principio es una cuestión de proporción entre el *marco* del rostro, lo que nos viene dado, que es innato, *y todo lo que vive en el interior de ese marco*. Lo que vive son nuestros sentidos, puesto que los órganos más importantes de nuestros sentidos se encuentran dentro del marco del rostro: los ojos y la vista, la nariz y el olfato; pero también la respiración, la boca y el gusto; pero también la respiración y la palabra. Es lo que los morfopsicólogos llaman el «pequeño rostro», constituido por los «vestíbulos sensoriales» o, también, los «receptores efectivos», puntos de paso entre el mundo y nosotros. Su importancia está en relación directa con la circulación de intercambios y de energías que se produce a través de ellos. Me apetece hacer la comparación siguiente: el marco de un rostro nos muestra si nos encontramos sobre una autopista o sobre un camino vecinal, y los vestíbulos sensoriales indican si la circulación es intensa o escasa. Y, por supuesto, ¡puede haber poca circulación por la autopista vacía y embotellamientos en el camino vecinal! La proporción entre el marco y el retrato es esencial y altamente significativa.

Comunicar por encima o por debajo de los propios medios

Cuanto mayor y más ancho sea el marco —es decir, el contorno— del rostro más importantes son las energías a disposición del individuo. Y cuanto más limitado y estrecho sea dicho marco, más reducidas son sus reservas de energía. Las realizaciones, las «vivencias» si se quiere, pasan por los ojos, la nariz, la boca; cerrados, disminuyen el sistema de intercambios; abiertos, los aumentan.

Generalmente, existe una relación lógica entre el marco y los vestíbulos. Pero a veces hay discordancia, y es muy espectacular. Se ve, inmediatamente, quién comunica —y cómo— por encima o por debajo de sus medios, o justo a su nivel.

Los inagotables
Marco amplio, amplios vestíbulos: es el rostro de los inagotables. Nunca están cansados, nunca al límite de sus fuerzas, lanzados siempre hacia adelante, con confianza, porque no conocen sus límites.

La modesta existencia
Marco estrecho, estrechos vestíbulos: al igual que se habla de personas modestas, aquí cabría hablar de existencia modesta. Pocas fuerzas, pero muy reservadas. Es la apacible mediocridad. Entre la sensatez y la mezquindad, según los casos.

La caldera a punto de estallar
Marco ancho, vestíbulos estrechos: tales individuos están siempre bajo tensión. La energía disponible es grande, pero sólo se utiliza a borbotones. De vez en cuando, explota violentamente, a menos que el dominio personal sea infalible.

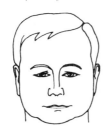

La casa por la ventana
Marco estrecho, vestíbulos amplios: estas personas queman su vida y su salud. Viven por encima de sus medios energéticos. Se agotan continuamente, pero al momento se ponen nuevamente en marcha, siempre con intensidad.

Y, ahora, detalle a detalle

Tras este primer enfoque, derivado de los grandes principios básicos de la morfopsicología, resulta fácil comprender por qué y cómo unos mínimos detalles pueden ser legítimamente significativos.

— Mentón cuadrado = voluntad.
— Boca apretada = egoísmo.
— Frente estrecha = estupidez. Etc.

Sin explicación y sin justificación, esto podría parecerse a los dichos populares sobre la meteorología: ¡poéticos, pero no verificados!

LA FRENTE: LAS CABEZAS PENSANTES... Y LAS DEMÁS

La frente es el receptáculo de nuestras preciosas células grises. Indica la importancia y la orientación de las facultades intelectuales.

— *Cuanto mayor es la frente* (desarrollada por encima de las protuberancias frontales), *mayor es la inteligencia.*
— *Ensanchada* en redondo por encima de las sienes: imaginación. Con relieves hundidos y protuberantes: dotes de invención y de creación. (Ver figura 1.)

1. Kepler, astrónomo alemán (1571-1630)

2. Rousseau, escritor de lengua francesa (1712-1778)

3. Saint-Simon, escritor francés (1675-1755)

— *Frente reducida;* facultades intelectuales menores.
— *Vertical:* más bien femenina. Indica prudencia, reflexión, previsión, sentido del ahorro. (Ver figura 2.)
— *Oblicua:* audacia. Rapidez de decisión ante los obstáculos. (Ver figura 3.)
— *Huidiza:* impulsividad.
— *Rectangular:* inteligencia viril, pero peligro de sectarismo.
— *Demasiadas arrugas demasiado pronto:* emotividad.
— *Saliente, en forma de visera:* aguda observación, atención concentrada. (Ver figura 4.)
— *Frente desplomada:* espíritu inclinado hacia la filosofía o la religión. (Ver figura 5.)
— *Arrugas periféricas* (por encima de las cejas): curiosidad intelectual, propia de los investigadores y de los sabios. (Ver figura 6.)

4. Schopenhauer, filósofo alemán (1788-1860)

5. Sócrates, filósofo griego (c. 470-399 a. J.C.)

6. Kant, filósofo alemán (1724-1804)

LAS CEJAS: LA REACCIÓN ANTES DE LA ACCIÓN

Los movimientos de los músculos superciliares indican las reacciones de cada individuo y modifican, por consiguiente, la forma de las cejas.

La posición de éstas encima de los ojos, nuestro principal órgano sensorial, es significativa.

Las cejas están, pues, vinculadas con las modalidades de la acción y de la energía.

— *Rectilíneas:* dominio de sí, voluntad de actuar, aptitud para realizar. (Ver figura 7.)

— *Arqueadas:* dulzura, feminidad. (Ver figura 8.)

— *Entre las cejas:*

• *Arrugas horizontales:* obstinación, obsesión (si el nacimiento de la nariz está hundido). (Ver figura 9.)

• *Arrugas verticales:* emotividad, gran aplicación. (Ver figura 10.)

• *El tercer ojo:* intuición (si la zona es lisa y despejada).

— *Cejas que se juntan:* bloqueo de la sensibilidad, sospecha, celos.

— La *distancia* de las cejas a los ojos indica el nivel de contacto con la realidad.

— *Cejas altas:* pérdida de contacto con la realidad, dispersión mental, credulidad ingenua. (Ver figura 11.)

— *Cejas bajas:* observación aguda, perspicacia e incluso desconfianza. (Ver figura 12.)

— *Extremos alzados:* inestabilidad, nerviosismo.

— *Caídos:* concentración de la energía, pero limitación del número de asuntos de interés. (Ver figura 13.)

— *Pobladas:* vitalidad. (Ver figura 14.)

— *Cejas poco pobladas:* linfatismo.

— *Cortas:* carácter primario (dependencia inmediata de los acontecimientos presentes). (Ver figura 15.)

— *Largas:* secundariedad (apoyo en el pasado y en el futuro). (Ver figura 16.)

7. Lincoln, político norteamericano (1809-1865)

8. María Antonieta, reina de Francia (1775-1793)

9. Madame Blavatsky

10. Lamennais,
    escritor francés
    (1782-1854)

11. Nostradamus,
    astrólogo y
    médico francés
    (1503-1566)

12. Dickens,
    novelista inglés
    (1812-1870)

13. Spinoza, filósofo
    holandés (1632-
    1677)

14. J. Ferry,
    estadista
    francés (1832-
    1893)

15. Shelley, poeta
    inglés (1792-
    1822)

16. Gambetta,
    abogado y
    político francés
    (1838-1882)

LA NARIZ: UNA PERPETUA EXPLORACIÓN

La nariz es la parte más «animal» del rostro, en la vanguardia de los demás sentidos, ya que es más instintivo, más primitivo — ¿más auténtico?

Anchura de la ranura: proporcional a la energía mental y física; si es estrecha y saliente: falta grave de energía; si es estrecha pero profunda: aptitud para el conocimiento, pero no para la acción.

- *Perfil griego:* libertad de todas las fuerzas vitales (mentales, físicas, afectivas), armonía de la personalidad. (Ver figura 17.)
- *Nariz larga y fuerte:* voluntad de poderío, afirmación de sí, autoridad, triunfo; es la nariz de los conquistadores. (Ver figura 18.)
- *Nariz larga y delgada:* intelectualismo, reflexión, escasa vitalidad física. (Ver figura 19.)
- *Nariz respingona:* falta de fuerza vital, pero búsqueda de esta fuerza en el exterior; por consiguiente, puerilidad, falta de madurez.
- *Nariz chata:* timidez, tendencia al miedo, al espanto (es también la nariz de los pueblos primitivos, para quienes el mundo era fuente de terror).
- *Nariz corva o ganchuda:* disimulo, hasta la avaricia si es puntiaguda. (Ver figura 20.)

17. Saint-Just, político francés, (1767-1794)

18. Richelieu, estadista francés (1585-1642)

19. Lamartine, poeta francés (1790-1869)

— *Ranura hundida* (lo contrario al perfil griego): mala armónia de las fuerzas vitales, con riesgo, al extremo, de enfermedades mentales. (Ver figura 21.)
— *Aletas palpitantes:* pasión de vivir, sensibilidad, sangre fría, riesgo de apatía. Amplia preponderancia de las fuerzas instintivas, particularmente, la agresividad.

20. Carlos VII, rey   21. Nietzsche,
    de Francia   filósofo alemán
    (1403-1461)   (1844-1900)

Las mejillas: ¿qué clase de extrovertido o de introvertido es usted?

Psicológicamente, las mejillas constituyen la parte más importante de la zona de contacto en el rostro.

Son las que manifiestan más claramente el grado de extroversión o de introversión de la personalidad.

— *Rellenas:* extroversión, fácil contacto social, buena adaptación, salud psíquica. (Ver figura 22.)
— *Mofletudas*(mejillas cargadas de grasa): falta de energía, linfatismo.
— *Aplastadas:* indiferencia afectiva, más actividad que sensibilidad. (Ver figura 23.)
— *Deprimidas, lánguidas:* inhibición, indecisión de carácter, emotividad, incapacidad de actuar.
— *Mejillas hundidas:* indicador de la forma física, actividad muscular, agilidad. En un mal contexto: falta de vitalidad, recogimiento en sí mismo. (Ver figura 24.)

— *Coloración y palidez* (excesivas): gran emotividad, falta de dominio.

— *Pómulos salientes:* egoísmo que puede llegar hasta la crueldad. (Ver figura 25.)

22. Colbert, estadista francés (1619-1683)

23. McKinley, estadista norteamericano (1843-1901)

24. Kopa, futbolista francés

25. Maquiavelo, estadista e historiador italiano (1469-1517)

LA BOCA: HABLA A LOS DEMÁS, COME PARA NOSOTROS

Es el órgano de nuestra aptitud más evolucionada, la aptitud para el lenguaje y, al mismo tiempo, el que está al servicio del instinto más elemental, el de la alimentación, el de la conservación; además, respira...

— *Nasolabial* (espacio entre la boca y las aletas nasales):

- *Corto:* primacía del instinto y de los impulsos, necesidad de compañía del otro sexo. (Ver figuras 26 y 26.a.)
- *Largo:* primacía de la vida cerebral, de la reflexión, dificultades de contacto y de acción. (Ver figura 26.b.)

— *Boca carnosa:* sensualidad, materialismo, necesidades egoístas, subjetividad. (Ver figura 27.)
— *Labios apretados:* falta de sensibilidad y de sentimientos, que puede llegar hasta la maldad.
— *Boca avanzada* (saliente): falta de control, sobre los deseos y las pulsiones. (Ver figuras 28 y 28.a.)
— *Hundida:* falta de sociabilidad (si no hay una razón dental). (Ver figura 28.b.)

26. Sofía de Monnier

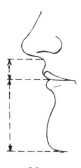

26.a

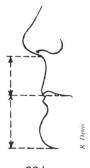

26.b

27. Condesa de la Motte (1756-1791)

— *Grande* (se mide trazando dos líneas verticales imaginarias a partir de los párpados): expansión, gusto por los contactos, falta de espíritu crítico. (Ver figura 29.)

— *Pequeña:* contactos difíciles, timidez, inhibición. (Ver figura 30.)

— *Comisuras marcadas:* optimismo, confianza en la vida. (Ver figura 31.)

— *Comisuras caídas:* pesimismo, espíritu crítico. (Ver figura 32.)

— *Labio superior levantado:* hastío, rechazo al contacto, sufrimiento, encanto, predominio de la afectividad.

   • *Fino, delgado:* deseos delicados. (Ver figura 33.)

— *Labio inferior sobresaliente:* desprecio hacia los demás, desdén. (Ver figura 34.)

   • *Carnoso:* importancia de la sensualidad. (Ver figura 35.)

   • *Fino, delgado:* escasa sensualidad.

 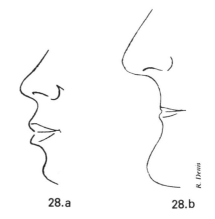

28. Byron, poeta   28.a   28.b
inglés (1788-1824)

 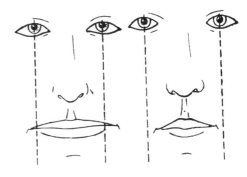

29. Erasmo, humanista
holandés (1469-1536)

30. Naundorff, aventurero (1787-1845)

31. Mesmer, médico alemán (1734-1815)

32. Guizot, estadista e historiador francés (1787-1874)

33. Chateaubriand, escritor francés (1768-1848)

34. Disraeli, novelista y estadista inglés (1804-1881)

35. Barras, político francés (1755-1829)

LA OREJA: LO IMPORTANTE ES EL EQUILIBRIO

La oreja es un órgano doble: orientado hacia el exterior (sentido de la audición), orientado hacia el interior (sentido del equilibrio).

La oreja nos indica cómo se interesa una persona por el mundo y por los demás y cómo asegura su propio equilibrio tanto físico como psíquico.

La dimensión de la oreja (medida con relación a la nariz) corresponde al lugar que ocupa la persona en la sociedad.

— *Grande:* signo de grandes éxitos sociales (políticos o en los negocios). (Ver figura 36.)
— *Oreja pequeña:* modestia, recogimiento, necesidad de protección.
— *Oreja grande y rostro pequeño, oreja pequeña y rostro importante:* desequilibrio de la personalidad, falsos juicios.
— *Implantación alta:* mente despierta, sentido artístico. (Ver figura 37.)
— *Implantación baja:* torpeza mental, primacía de lo útil sobre lo agradable.
— *Pabellón dominante:* cerebralidad. (Ver figura 38.)
— *Caracol dominante:* don del contacto. (Ver figura 39.)
— *Lóbulo dominante:* sentido de lo concreto. (Ver figura 40.)
— *Oreja vertical:* reflexión, inhibición. (Ver figura 41.)
— *Inclinada:* facilidad de acción. (Ver figura 42.)
— *Muy inclinada:* impulsividad, amor al riesgo.
— *Pegada al cráneo:* falta de independencia.
— *Oreja despegada por arriba:* pensamiento original.
— *Despegada por el centro:* susceptibilidad.
— *Despegada por abajo:* sensualidad.
— *«De coliflor»* (muy despegada): carácter independiente. (Ver figura 43.)

36. Kardec,
fundador del
espiritismo
(1804-1869).

37. Montaigne,
escritor francés
(1533-1592).

38. Tucídides,
historiador
griego (465-395
a. J.C., aprox.)

39. Rabelais,
    escritor francés
    (c. 1494-1553)

40. Pereire,
    banquero y
    parlamentario
    (1800-1875)

41. Montesquieu,
    escritor francés
    (1689-1755)

43. Mangin, general
    francés (1866-
    1925)

42. Thiers, estadista
    e historiador
    francés (1797-
    1877)

LOS OJOS: YO TE VEO, TÚ ME VES

Los ojos son el órgano más expresivo del rostro y, por tanto, de la persona entera. Están continuamente grabando, consignando. Y responden a su vez según sus formas y sus posibilidades.

— Cuanto más *hundidos* estén, mayor es la interiorización, hasta llegar a la retracción y al rechazo. (Ver figura 44.)
— Cuanto más *a flor de piel* estén: apertura al mundo; en exceso: dispersión. (Ver figura 45.)
— *Estrechos:* atención reservada, generalmente, desconfianza.
— *Muy juntos:* estrechez de miras, cerrazón intelectual.
— *Bien abiertos:* benevolencia, atención generosa. (Ver figura 46.)
— *Distantes:* sentido de los matices, excesivo a veces (la distancia

entre las dos pupilas es normalmente igual a la altura de la nariz).

— *Ojos móviles:* gran vivacidad, facultad para interesarse por todo.
— *Excesiva movilidad:* inquietud, inestabilidad, nerviosismo.
— *Párpados pesados:* concentración excesiva de la mente. (Ver figura 47.)
— *Párpados inferiores* tónicos y arrugados: entusiasmo permanente. (Ver figura 48.)
— *Bolsas* (bajo los párpados): marcas distintivas del estado depresivo (y de algunas graves enfermedades, particularmente, cardíacas). (Ver figura 49.)
— *Pestañas largas:* agudeza y sutileza sensorial.

44. Fourier, filósofo y economista (1772-1837)

45. Bossuet, prelado y escritor francés (1627-1704)

46. Leibniz, filósofo y matemático alemán (1646-1716)

47. Rothschild, banquero (1792-1868)

48. Lutero, teólogo y reformador alemán (1483-1546)

49. Nerval, escritor francés (1808-1855)

EL MENTÓN: LOS FUERTES Y LOS DÉBILES

El maxilar inferior y, más particularmente, el mentón señalan la potencia de acción (la aptitud para «apretar los dientes» o no) y, al mismo tiempo, la de los instintos vitales primordiales (la aptitud para «devorar la vida a bocados» o no).

— *Alto* (con respecto a los demás segmentos del rostro): lentitud de las reacciones y de la actividad. (Ver figuras 50 y 50.a.)
— *Corto:* rapidez que puede llegar hasta la impertinencia. (Ver figura 50.b.)
— *Mentón estrecho:* escasa vitalidad. (Ver figura 51.)
— *Hacia atrás:* indecisión, debilidad; con frecuencia, tendencia a la disimulación.
— *Puntiagudo:* astucia y, también, rapidez de decisión, riesgo de ineficacia.
— *Saliente:* voluntad de imponerse, ambición, autoridad. (Ver figura 52.)
— *Redondo:* amabilidad, bondad. (Ver figura 53.)
— *Submentón hundido:* nerviosismo físico, angustia moral (misma señal: nuez saliente).
— *Papada:* predominio de la vida vegetativa, sedentariedad, materialismo. (Ver figura 54.)
— *Ancho* (visto de frente): resistencia física. (Ver figura 55.)
— *La mandíbula de los fuertes:* fuerza, potencia, combatividad, hasta la brutalidad... (Ver figura 56.a.) Y la mandíbula de los débiles: debilidad, falta de energía, deficiencia vital. (Ver figura 56.b.)

50. Copérnico, astrónomo polaco (1473-1543)

50.a

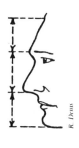

50.b

51. Cardenal de
    Rohan (1734-
    1803)

52. Jacques Coeur,
    rico comerciante
    de Bourges (c.
    1395-1456)

53. Desirée Clary,
    reina de Suecia
    (1777-1860)

54. Duque de
    Choiseul, estadista
    francés (1719-
    1785)

55. Le Grand
    Arnault, teólogo
    francés (1612-
    1694)

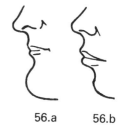

56.a   56.b

Si se los hubiera encontrado cuando eran unos desconocidos

Las celebridades, las personas importantes, tienen a menudo un rasgo de su rostro particularmente significativo e ilustrativo para la morfopsicología, con ayuda del tiempo, naturalmente. Pero ¿cuando todavía eran unos desconocidos? Si se hubiera reunido con ellos entonces, ¿habría sabido detectar a primera vista ese rasgo de su rostro y comprender lo que significaba?

La frente de André Malraux

La frente de André Malraux es una superficie de *homo sapiens:* importante, llena de relieves, inmensa, muy ensanchada por encima de las sienes; indica, a la vez, la inteligencia, la imaginación, el don de la invención. Semejante frente favorece una intensa vida cerebral. Lo que es muy notable aquí es que la zona de la sensibilidad y la de la vida activa son, pese a todo, fuertes. El pensamiento es el que domina al resto de las partes de su personalidad, pero dejándolas, al mismo tiempo, su lugar legítimo.

Las cejas de Georges Pompidou

Georges Pompidou (segundo presidente de la V República) tenía unas cejas considerables, cuyas características no hicieron sino acentuarse a lo largo de su carrera política: muy bajas sobre los ojos (extrema perspicacia), muy pobladas (gran vitalidad), muy largas (capacidad de tomar perspectiva con relación al presente). Al final de su vida, acabaron por juntarse en el nacimiento de la nariz; al mismo tiempo, eran cada vez más rectilíneas, prueba del creciente dominio de sí mismo. Georges Pompidou bloqueó su propia sensibilidad interior en beneficio de su personaje público.

La nariz de Charles de Gaulle

Larga, ancha, aguileña, la nariz de Charles de Gaulle es la nariz de los poderosos de la historia, de los que son jefes, en el sentido más tribal del término. En él, estaba al límite de lo excesivo, y sabemos, más allá de cualquier consideración política, hasta qué punto estaba convencido de la naturaleza casi divina, en cualquier caso fuera de lo común, de su aptitud de poder. Destacar, además, la visera saliente, que significa: extremada concentración interior, y la dilatación general del marco del rostro, que significa: propensión al contacto humano.

Las mejillas de Jacques Anquetil

Uno de los más grandes campeones con-
temporáneos, Anquetil (cinco veces vencedor
del Tour de Francia), en sus años más glorio-
sos, lucía lo que en la jerga deportiva se describe a menudo como el «semblante demacrado del hombre en superforma». Sus mejillas,
muy hundidas, pero hundidas de una forma
totalmente tónica, todos los músculos en su
lugar y la piel absolutamente lisa, sin una
arruga. Es el camino libre hacia la hazaña,
hacia la superación física de uno mismo.

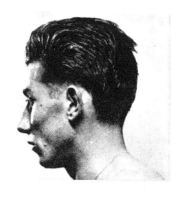

Las orejas de Juan XXIII

Juan XXIII fue el papa del gran giro de
la Iglesia católica en el siglo XX: el ecume-
nismo. Cuando vivía, se le escuchaba más
que se le miraba. Sus orejas son extraordi-
nariamente grandes (signo de grandes éxitos
sociales), plantadas verticalmente (capacidad
de reflexión), iguales en las tres zonas, pabellón, caracol, lóbulo (equilibrio de la cerebralidad, del contacto, de lo concreto),
muy despegadas del cráneo, prácticamente
en «a modo de coliflor» (gran independencia), pero más aún por arriba (originalidad

de pensamiento). Estas indicaciones se suman a una dilatación esténica y a una
nariz poderosa: signos todos de una personalidad absolutamente excepcional.

Los ojos de Saint-Exupéry

Bajo una frente amplia y ensanchada, que
indica que el pensamiento y la imaginación
dominan, los ojos de Antoine de Saint-Exu-
péry son, sin embargo, lo que resalta más
claramente de su rostro. Están a flor de
piel, signo de gran receptividad al mundo
exterior. Ligeramente saltones, indican la
necesidad de expresarse, con cierta abundancia. Son grandes, abiertos: amplitud de
la atención y despertar de la conciencia. La
distancia interpupilar es muy superior a la
media (normalmente equivalente a la altura
[longitud] de la nariz), lo que confirma la
tendencia fundamental a interesarse por
todo de forma muy intensa. Son los ojos de

alguien para quien vivir, actuar, conocer concretamente y por sí mismo a los seres
humanos y al mundo, resulta vital (la personalidad es, al mismo tiempo, cerebral).

El mentón de Tabarly

Vemos aquí el mentón y el maxilar típicos del hombre de acción, de energía inagotable. El maxilar indica las reservas fisiológicas: el maxilar de Eric Tabarly es ancho, amplio, profundo, muy cuadrado, musculoso. Indica una potencia energética excepcional. En cuanto al mentón, indica lo que la voluntad hace de las reservas de energía. Es ancho: resistencia física. Es saliente: deseo de imponerse, ambición, autoridad. Es liso, la piel bien estirada sobre los músculos y las osamentas: signo suplementario del deseo, muy fuerte, de imponerse. Estos signos de energía, de actividad y de voluntad están,

casi todos, exagerados, lo que indica que la voluntad tiende a la obstinación, la actividad a una cierta brutalidad y la energía a la superación de sí mismo, al heroísmo.

EL CUERPO

El rostro revela, pues, y muy rápidamente, cómo poder ver al ser consciente que se encuentra ante usted. Haga, de hecho, el siguiente experimento: describa, mirándola, a una persona a la que conozca poco, pero con la que pueda permitirse este pequeño ejercicio. Se quedará bastante sorprendido al comprobar que, muy frecuentemente, obtendrá un completo asentimiento y una adhesión casi sin reticencias. No ocurre lo mismo con el cuerpo.

El cuerpo descubre las debilidades secretas

A nadie le gusta que le hagan ver la forma en que su propio cuerpo es percibido por los demás y las conclusiones que de ello extraen.

Muchas personas se niegan abiertamente a ver su propio cuerpo, como si ello fuera peligroso. «Tener un cuerpo, ésa es la gran amenaza para el espíritu», escribía Marcel Proust. Citas de este tipo abundan. Pero también los ejemplos. Así: en las playas, durante el verano, las mismas mujeres que emplean un tiempo considerable en maquillarse y en peinarse, que nunca saldrían sin pintarse los labios y el marcado de peluquería, exhiben un cuerpo celulítico, marchito, deforme, sin siquiera dar la impresión de que ello les preocupe lo más mínimo. El ejemplo es caricaturesco, pero la caricatura corresponde a la realidad: todos conocemos de memoria nuestro propio rostro, tantas veces visto en el espejo, ¿pero nuestro cuerpo?

La psicología de las profundidades en ayuda de la morfopsicología

Y, dado que el cuerpo revela los estratos más profundos de la personalidad, que no aflorarían o casi apenas hasta el rostro, hay que recurrir a la psicología del inconsciente o, al menos, de las profundidades.

Tanto psicólogos como médicos psicosomáticos han catalogado un montón considerable de hechos que demuestran profusamente los vínculos infinitamente complejos que se tejen entre el cuerpo y el alma (si se me permite el término) en un perpetuo vaivén. Pero muchos de estos síntomas físicos son difíciles de interpretar o requieren mucho tiempo.

Hay, pues, que seleccionar. ¿Qué es lo que un profano puede observar de la apariencia personal del prójimo y qué conclusiones seguras puede extraer? No se trata aquí de jugar a psicosomático aficionado, sino de adquirir las nociones más indiscutibles y más manejables para una situación inmediata y rápida.

Voy a limitarme a mencionar tres puntos básicos, muy sencillos de comprender y muy fáciles de asimilar, de enorme utilidad, por consiguiente, en los cinco primeros minutos de una entrevista: la talla, el volumen, la energía.

El niño víctima de una inferioridad física

Cuando nos reunimos con alguien, particularmente la primera vez, tenemos una inmediata impresión global: sin necesidad de medirle y sin estadísticas, vemos perfectamente si su talla es la normal o si, por el contrario, difiere mucho de dicha norma. Ahora bien, esta consciencia de la norma física es primordial, porque surge muy pronto: cada uno de nosotros sabe, desde sus primeros años, si el cuerpo que tiene a su disposición puede permitirle, o no, realizar su voluntad de poder, voluntad destacada por Alfred Adler, discípulo de Freud, como nuestra pulsión primordial.

Todo niño desea influir sobre el mundo, las cosas, los seres: es lo propio de todo organismo vivo. Si esta voluntad de poder es obstaculizada por una inferioridad física, el niño se crea un «complejo de inferioridad», concepto que se ha vuelto muy popular porque encierra una especie de evidencia irrefutable. Esta inferioridad física puede ser real, importante o mínima, casi medio imaginaria: del enanismo a la talla casi media, del estrabismo muy pronunciado a la muy ligera miopía.

Un sentimiento de inferioridad: el núcleo central de la personalidad

¿Qué quiere decir esto? Pues que un adulto que tiene una inferioridad física más o menos apreciable arrastra, desde la infancia, un sentimiento de inferioridad: no es posible saber en unos instantes cómo se ha «resuelto» esa inferioridad. En algunos casos, esa inferioridad original no ha supuesto un obstáculo para una adaptación aparentemente normal. Entre otros casos, ha habido un fenómeno de compensación, la búsqueda más o menos furiosa del éxito en uno o varios campos. A menudo, existe una protección de sí mismo a través de determinadas actitudes de huida o, sobre todo, de agresividad.

De todas formas, aunque el otro, al que tenemos enfrente, no tenga ya prácticamente conciencia de ello, ese sentimiento de inferioridad constituye el núcleo en torno al cual se ha construido su personalidad, y este núcleo, aunque él no lo sepa, sigue vivo y perceptible.

¿Existe una psicología de los gordos y una psicología de los delgados?

Segundo punto: yo diría el «volumen» ocupado por el cuerpo. De modo general, están los gordos y los delgados. Casi todos los morfopsicólogos, con un vocabulario de una gran ingeniosidad semántica (megalosplácnico y microsplácnico, pícnico y leptosómico, endomorfo y ectomorfo *...), han sentido la tentación de dividir a la humanidad en dos bloques: la humanidad gorda y la humanidad delgada, dejando, no obstante, lugar a un tercer tipo, generalmente impreciso y «cuarto de los trastos» (mesomorfo, normosplácnico..., ¡todos los que están en medio, a fin de cuentas!).

Aquí hay, pues, algo importante. ¿Pero qué? Todo el mundo sabe, ahora, que no se es gordo o delgado como se es rubio o moreno. No es una cuestión de «naturaleza», sino de hábitos alimenticios. ¿Cómo se instauran éstos y qué significan?

La fase oral según Freud

Aquí, recurro a Freud. Freud observó que, durante los tres primeros años de vida —los años primordiales—, el niño pasa por tres fases: la fase oral (la actividad esencial es la de alimentarse), la fase anal (adquisición de la limpieza), la fase genital (descubrimiento de la sexualidad). Tras lo cual, entra en el mundo del complejo de Edipo.

Pero muchos niños no superan regularmente todas estas etapas y se quedan detenidos, fijados en alguna de ellas. No se trata aquí de saber cómo un adulto puede librarse de sus propias fijaciones, y esto es algo que generalmente lleva mucho tiempo, ya que éstas se protegen ocultándose en el inconsciente. En cambio, le resulta mucho más fácil ver las fijaciones de los demás.

Quien permanece fijado en la fase genital desea ser amado y tiene un comportamiento seductor, y no sólo en el sentido sexual del término.

---

* La caracterología, o ciencia de los caracteres y los temperamentos, clasifica a los individuos según sus características físicas. Es lo que se conoce como tipología; existen varias: las de Sheldon, de Kretschmer, de Le Senne, etc., cada una con su vocabulario propio (por ejemplo, para Sheldon, un ectomorfo es un individuo espigado nervioso).

Quien permanece fijado en la fase anal o bien es un meticuloso o bien un desordenado. Su vestimenta le traiciona.

Quien está fijado en la fase oral, se encuentra en un estado regresivo aún mayor: su propio cuerpo es el signo de ello. Para el niño el alimento es algo que se coge, se conquista. Normalmente, esta avidez y este deseo de conquista deben evolucionar, madurar y dirigirse hacia otros objetos que la comida.

Cuando existe divorcio entre el cuerpo y la conciencia

Se puede, naturalmente, no estar de acuerdo con esta interpretación freudiana de los orígenes del fenómeno. Pero ello no cambia gran cosa al fenómeno en sí: cuando el apetito supera las necesidades calóricas reales, todo el mundo sabe lo difícil que resulta conseguir regularizarlo voluntariamente. Parece como si el cuerpo viviera su propia vida, de tan mal integrado que está en la vida consciente del individuo. Porque esta desmesura del apetito se siente como necesaria. ¿Necesaria para qué? Aunque no se admita la tesis de Freud, el resultado no es menos claro: un bulímico, un gran comilón, no tiene el dominio consciente y voluntario de una importante parte de sí mismo, lo que le hace vivir en un estado permanente de avidez más o menos frustrada.

Los que actúan antes de reflexionar y los que reflexionan antes de actuar

Hay un tercer punto que se puede ver —o, más bien, percibir— rápidamente en el prójimo, desde el principio del contacto: la aptitud para la acción o la tendencia a la reflexión e incluso a la pasividad. Es lo que Jung llamaba la extroversión y la introversión: por un lado, la tendencia a responder inmediatamente a una oportunidad de acción; por otro, la tendencia a la vacilación y a la lentitud. Jung estableció esta clasificación examinando el funcionamiento del aparato psicomotor: los músculos, luego cómo actúan y qué es lo que les hace actuar. Es una cuestión de energía, a la vez física y psíquica.

Los especialistas establecen la proporción extroversión/introversión mediante un cuestionario de personalidad *. Es evidente, sin embargo,

---

* Método de análisis de la personalidad que permite a un sujeto describirse tal como él se ve, expresar sus gustos, sus intereses, sus opiniones y, a veces, revelar inmediatamente algunas tendencias profundas.

que todos tenemos dentro una especie de sentido para detectar eso intuitivamente, incluso sin que la actitud en movimiento nos dé indicaciones más precisas: cuando vemos a un león reposando y a un cordero reposando sabemos perfectamente dónde se encuentra la energía inmediatamente disponible y dónde se encuentra una energía algo deficiente.

Las variaciones cuantitativas de energía psicomotriz corresponden, evidentemente, a variaciones psíquicas. El extrovertido, que tiene su energía inmediata y permanentemente disponible, no desconfía, pues, de los posibles estímulos que pueden llegarle de las gentes o de las cosas: está siempre dispuesto a responderlos, de ahí que su carácter se suela calificar de «abierto».

El introvertido, por el contrario, no puede contar con sus propias reservas de energía: nunca está seguro de poder salir airoso, evita, tanto como le sea posible, los estímulos y, ante ellos, aplaza su reacción. Esto origina un repliegue sobre sí mismo y, de cara al mundo exterior y a los demás, reticencias e incluso temor.

¿Y los que no son ni altos ni bajos, ni gordos ni delgados, ni extrovertidos ni introvertidos?

Cualquiera puede darse cuenta en pocos segundos de si su interlocutor es grande o pequeño, gordo o delgado, extrovertido o introvertido. Combinando estas tres características, se obtienen ocho tipos de individuos, de quienes se pueden así percibir los rasgos más fundamentales de su personalidad.

Pero, ¡cuidado! No hay que intentar clasificar forzosamente a todo el mundo dentro de estos ocho casos. Quiero recordar que, al igual que para el rostro, este tipo de análisis, casi instantáneo, sólo es posible si los rasgos en cuestión son muy llamativos. Existen numerosas personas que no son ni altas ni bajas, ni gordas ni delgadas, y cuyos grados de extroversión y de introversión se equilibran. En ese caso, hay que buscar otros detalles significativos.

Altos, gordos, extrovertidos: los avasalladores

Sin complejo de inferioridad original, habituados a ceder permanentemente a su propia avidez, teniendo a su disposición una energía rápida y fácilmente movilizable, son seres decididamente avasalladores. Tienen la tendencia permanente a aumentar su espacio vital. Están convencidos de tener siempre la razón y de estar en su derecho. Se exteriorizan en exceso. La susceptibilidad no es, ciertamente, algo que les perturbe, pero, en el fondo, inconscientemente, nunca están saciados: cogen, teniendo la impresión de que se les da de buena gana. Para establecer un buen contacto con ellos, más vale no desengañarles sobre ese asunto. Son dinámicos y amantes de la buena vida, más bien hombres que mujeres. Hay que entablar la entrevista con ellos de forma fuerte, ¡y nunca olvidarse de halagarles! Cualquier clase de manifestación o expresión positiva referida a ellos les deleita.

Altos, gordos, introvertidos: los aburridos

La ausencia de complejo vital y la avidez psicosomática acompañan aquí a un temperamento lento, reflexivo, pasivo al extremo. El ser humano funciona, pues, bien, pero de forma más bien triste. Estas personas, hombres o mujeres, se toman todo absolutamente en serio, tanto las pequeñas como las grandes cosas. No entienden nada de la risa, del humor, de la relajación. Además, necesitan tomarse su tiempo. Es evidente, pues, que no hay que abordarles de forma espontánea ni acuciarles. Aprecian las atenciones. Con ellos, hay que guardar las formas. Son realmente unos «pelmazos», y su presencia es a menudo un poco cargante; el contacto con ellos es toda una ceremonia.

Altos, delgados, extrovertidos: los triunfadores

Sin complejo de inferioridad, con un apetito de vivir equilibrado y la energía inmediatamente disponible: son auténticas máquinas de triunfar. Si todavía no lo han hecho, no tardarán mucho. Encuentran normal que haya obstáculos, porque saben que siempre los superan, y las dificultades les parecen más estimulantes que molestas. Esta seguridad les proporciona soltura, seguridad en sí mismos. Desean todas las formas de éxito: social, económico, familiar. El contacto con ellos es fácil y no plantea problemas, a no ser la envidia que los demás no pueden dejar de sentir ante ellos. Resulta muy difícil, si no imposible, engañarles: ¡mejor no intentarlo!

Altos, delgados, introvertidos: los aristócratas

Aunque no dudan de sí mismos y equilibran su avidez, su energía, lenta de poner en marcha y vacilante ante los obstáculos, les hace desear un mundo exterior en el que su propio camino está bien marcado: son, pues, los seres de la jerarquía. Lo confiesen o no, son profundamente elitistas. Su comportamiento es siempre «aristocrático», en el sentido etimológico del término (¡paso a los mejores!). Son, consecuentemente, muy difíciles de manejar. Si se intenta contrarrestar su visión elitista de las cosas y de las personas, se cierran aún más y se escudan en su dignidad, aun cuando no lo dejen ver. Es preciso, pues, tomar una postura clara con respecto a ellos y reconocer, de entrada, sus «derechos», piense usted lo que piense.

Pequeños, gordos, extrovertidos: los que apalean el aire

Inferiorizados por su talla, en busca de compensaciones, víctimas de una avidez primigenia y rebosantes de energía, se embriagan literalmente de actividades. Pero la estructura regresiva de su personalidad hace que estas actividades sean, frecuentemente, ineficaces: dan palos de ciego. Siempre están haciendo no se sabe qué, generalmente en medio de una gran agitación. Sus logros son incompletos, inacabados. Pero ellos siguen esperando. Se les considera ingenuos. El contacto con ellos siempre es caluroso: es fácil seducirles con el señuelo de futuras maravillas. Y marchan una vez más a su caza de quimeras.

Pequeños, gordos, introvertidos: los gruñones

La falta de dinamismo no les permite compensar su inferioridad y saciar su avidez. Están, pues, en un perpetuo estado de insatisfacción, que sólo se manifiesta en ocasiones, pero con violencia. Cultivan el rencor. Son huraños. Si las cosas no les marchan bien, la culpa siempre es de los demás. Abordan todo con un prejuicio desfavorable. El primer contacto con ellos es difícil, a causa de su desconfianza: siempre temen que vayan a «pegársela». Su amor propio se siente ofendido con gran rapidez. Pero tampoco aprecian una excesiva amabilidad inmediata. Una actitud neutra, que les deje tiempo para ver venir las cosas, les tranquiliza.

Pequeños, delgados, extrovertidos: los luchadores

La necesidad de compensación, una avidez adulta, la energía disponible: todo esto producen los luchadores. Consiguen sus propósitos, pero fuera de los senderos por los que camina todo el mundo: crean su propio personaje y lo imponen infatigablemente. Todos son más o

menos Napoleón (¡antes de que engordase y se volviera ineficaz!).
Aplastan lo que les parezca necesario aplastar en su camino; sin cul-
pabilidad, ya que resulta vital para ellos. Son resentidos. Son muy
abiertos, pero sólo se interesan realmente por los contactos en la medida en que éstos puedan aportarles algo. Es casi imposible abordarles
con las manos vacías, porque, entonces, te dan la espalda. Hay que
darles la impresión de que uno puede serles útil.

Pequeños, delgados, introvertidos: los misteriosos

Inferiorizados, su necesidad de compensación, sostenida por una
avidez normal, es fuerte y permanente, pero no dispone del carburante
necesario. Sus arrancadas son lentas, cuando llegan a producirse. Esto
les conduce a llevar una o varias vidas secretas, donde las cosas no
llevan el mismo ritmo que en la vida normal y donde, consecuentemente, obtienen la compensación deseada. Todos estos seres tienen,
pues, secretos, que pueden ser de diferentes clases, reales o, a veces,
incluso imaginarios. No soportarían el contentarse solamente con su
vida aparente, nunca realmente satisfactoria. Es preciso que haya algo
detrás. Por eso es difícil saber a qué atenerse con ellos. Se siente como
una especie de malestar. Para comenzar, uno está obligado a atenerse
a las apariencias, pero dando a entender, más o menos sutilmente, que
se tiene conciencia de que se trata sólo de apariencias.

LAS MÍMICAS

Cuando me encuentro con un niño, sé enseguida lo que siente, lo que piensa, lo que quiere: cuando está feliz de verme, ríe, me extiende los brazos, corre hacia mí, me besa. Si prefiere estar en otra parte, baja los ojos, esconde las manos, retrocede. Si está enfadado conmigo, pone mala cara y frunce las cejas, amenaza con sus deditos, golpea el suelo con el pie.

Con un perro tampoco hay error posible: sé perfectamente si está contento, si tiene miedo, si amenaza. Está contento: corre hacia mí, la boca abierta en su «sonrisa» canina, me lame, gime de placer. Tiene miedo: cabeza baja, rabo entre las patas, movimiento de retroceso, silencio, me amenaza, ladra, enseña los dientes, agacha las orejas, avanza, todos los músculos en alerta. El perro y el niño son fáciles y rápidos de interpretar.

La importancia de la comunicación no verbal

Pero ¿con un adulto? Parecería que lo esencial del intercambio, de la comunicación, comenzara con y por el lenguaje, y que todo el resto sólo estuviera allí para ilustrar lo dicho: tal gesto, para subrayar tal frase; tal expresión del rostro, para acompañar tal expresión verbal; tal elevación de tono, para dar importancia a tal declaración. Y es cierto que, una vez establecido el contacto y entablada la conversación, la comunicación verbal prima y arrastra en su estela la comunicación no verbal. Pero, en los cinco primeros minutos, no ocurre lo mismo: la comunicación no verbal tiene una importancia, al menos, igual.

He aquí por qué y cómo.

En todos los rostros: mímicas obligatorias

En primer lugar, las mímicas: aquí, los seres humanos se comportan igual que los animales. En todas las especies evolucionadas, cuando dos individuos se encuentran, su «cara» expresa inmediatamente el humor en el que ambos se encuentran. Estas mímicas son manifestaciones obligatorias: un animal no puede evitarlo, y un ser humano tampoco, un ser humano «normal». La prueba es que la ausencia total de mímica en una entrevista es uno de los síntomas más evidentes de alienación mental: el «loco» (cualquiera que sea el significado de este término) también puede presentar expresiones en su rostro, pero sin relación con la verdadera situación relacional, ya que él prosigue con su vida fantasmal, imaginaria, sin percatarse que se encuentra ante otro ser humano. Y este ser humano «normal» se encuentra por lo general profundamente desconcertado por esta ausencia de las mímicas habituales de la entrevista.

¿Qué expresan, entonces, estas mímicas? En primer lugar, parece que el número posible de sentimientos, de emociones y de sensaciones, por lo tanto, de humores, sea casi infinito cuando los seres humanos se reúnen. Basta con hojear un diccionario para encontrar en cada página términos referidos a ellos: interés, sorpresa, amor, amistad, desdén, desconfianza, irritación, desprecio, amabilidad, determinación, indecisión, distracción, alegría, tristeza, etc. Cabe pensar, en un primer momento, que hay tantos como individuos y situaciones. Y, si la mímica es instintiva, ¿su interpretación lo es también?

Laboratorios de mímicas

Abandonamos aquí la vida cotidiana por el laboratorio de psicología, ya que este problema ha interesado bastante a numerosos investigadores, citando dos experimentos.

Se mostró a 100 personas la foto de una actriz intentando expresar odio; a continuación, se les pidió interpretar la *mímica*. ¡Y aparecieron 39 términos diferentes! Los más empleados fueron: fealdad (13 veces), asco (11), odio (8), desdén (8), burla (7), aversión (5), repugnancia (5), desafío (5).

Otro psicólogo intentó saber si había «emociones» que se reconocían mejor que las demás. Su clasificación: sorpresa reconocida por el 77 % de las personas, miedo (70 %), horror (62 %), vergüenza (53 %), cólera (50 %), sospecha (27 %), piedad (19 %).

¿*Qué conclusiones sacar?* En primer lugar, que, para una misma mímica, aunque aportemos un amplio abanico de interpretaciones, estas interpretaciones se confirman unas a otras de forma muy coherente: para la actriz «que odiaba», nadie dijo «alegría» o «indiferencia». Luego, que si, para cada palabra del vocabulario de los sentimientos, de las emociones, intentamos encontrar una manifestación facial correspondiente, en algunos casos la encontramos muy fácilmente y, en otros, con gran dificultad.

Tres humores posibles: sí, no, abstención

Hay que simplificar. Las mímicas están biológicamente destinadas, como ha descubierto la etología moderna, a indicar inmediata y claramente a los demás de qué humor nos encontramos. Desempeñan, pues, un papel vital. Y no deben prestarse (o prestarse lo menos posible) a confusión. En realidad, en los primeros minutos de cualquier contacto humano entre dos o varias personas, que se conozcan poco, mucho o nada, nunca hay más que tres humores posibles, tres disposiciones mentales y anímicas, del uno hacia el otro, de los unos hacia los otros: «de acuerdo», «en desacuerdo», «me da igual»; sí, no, abstención. Los etólogos dicen: la acogida amistosa, la amenaza, la evitación. Naturalmente, cada una de estas expresiones fundamentales del rostro está sujeta a variaciones casi infinitas, pero nunca hay que perder de vista la intención inicial.

El sentido de los cinco primeros minutos

La expresión de esta intención inicial es universal: desde los grandes viajes del siglo XVI a los sabios del XIX, en algunos casos todavía hoy, los exploradores «civilizados» de nuestro planeta, al encontrarse con pueblos desconocidos, se han quedado siempre muy sorprendidos de comprender, inmediatamente, si se les recibía con amabilidad, hostilidad o si había un rechazo al contacto.

Todos tenemos, pues, lo que yo intentaría llamar el «sentido de los cinco primeros minutos». Como todos los demás sentidos, éste corre dos riesgos: el de ser víctima de ilusiones ópticas cuando los puntos de referencia habituales faltan o se modifican (así, los párpados oblicuos de las gentes de raza amarilla impiden a las gentes de raza blanca reconocer exactamente las mímicas de los ojos, de ahí la acusación de disimulación y de misterio) y el de aportar un montón de datos que permanecen, afortunadamente, inconscientes dado que resultan inútiles (como oír música sin escucharla). Veamos, pues, cómo podría funcionar mejor este sentido, es decir, cómo llegar a equivocarse cada vez menos, para tender a la infalibilidad. ¡Que sería una baza formidable en cualquier contacto!

El «buen» humor: la sonrisa, pero ¿qué sonrisa?

El «buen» humor, el de la acogida amistosa, se refleja en el rostro a través de la sonrisa. Nada más sencillo, ¿no? Todo el mundo sabe reconocerla, incluso un bebé, antes de saber hablar y caminar. Y, sin embargo... Existe la sonrisa radiante y la sonrisa sarcástica, la sonrisa amable y la sonrisa burlona, la sonrisa cariñosa y la sonrisa comercial, etc. Como si hubiera una verdadera y otra falsa. ¿Sabemos distinguir-las bien?

¿Qué es la sonrisa? ¿Y es el ser humano el único en poseer este privilegio de la sonrisa? Está el mono también, a veces, el perro... Este hecho perturba enormemente a los etólogos. Finalmente, han llegado a la siguiente conclusión: la sonrisa es un gesto de buena voluntad, se enseñan los dientes como se tiende la mano para mostrar que no se tiene intención de utilizarlos agresivamente. El que me muestra así sus dientes, me demuestra al mismo tiempo que, si quisiera, podría ser malo, pero que, en esta ocasión, conmigo, ha decidido ser amable. El signo original habla a través de la boca del hombre.

Pero, cuidado: es preciso que esta prueba sea convincente. Mostrar los dientes, desde luego, pero no apretados, mandíbula y musculatura relajadas, todos los rasgos del rostro, y también los ojos, animados. Por algo, en efecto, la opinión general desconfía de la sonrisa realizada sólo con los labios.

La verdadera sonrisa: con las cejas

La opinión general tiene razón a su manera: la verdadera sonrisa de acogida amistosa en el hombre es la sonrisa con los ojos o, más bien, la sonrisa con las cejas. Un alemán, Irenaüs Eibl-Eibesfeldt, estudió este problema de la sonrisa. Con ayuda de un colaborador, filmó y fotografió la mímica de bienvenida entre hombres de todas las razas y de todas las civilizaciones (sin que ellos lo supieran, evidentemente). Y descubrió esto: entre los más diversos pueblos, las cejas se elevan y luego se bajan durante la sonrisa, acompañándose a menudo de un movimiento de cabeza que manifiesta su saludo amistoso. Llegó incluso a medir que este levantamiento de las cejas se hacía en un sexto de segundo más o menos.

Esto es tan cierto que, para sonreír de verdad, uno puede contentarse con esbozar un movimiento con los labios (sin mostrar los dientes, con las comisuras ligeramente levantadas), a condición de que las cejas estén claramente alzadas. Mejor aún: este levantamiento de las cejas, por sí solo, si está bien acentuado, se utiliza normalmente como signo de connivencia dirigido a alguien, por ejemplo, en un grupo; por eso también un guiño se percibe como un gesto amistoso indudable: es porque siempre va acompañado de un alzamiento de cejas, o crea esa ilusión.

Así pues, partiendo de la mandíbula, la sonrisa humana ha ido subiendo hacia los ojos, las cejas, la frente, de acuerdo con toda la historia de la evolución. Con la sola mímica de los labios y los dientes (se puede comprobar ante el espejo), sin que nada se mueva por la zona de los ojos, ¡no te cree nadie! De ahí todos los adjetivos desfavorables y negativos que se atribuyen a esa falsa sonrisa...

Rostro cerrado a causa del «mal» humor

El «mal» humor, por contraste con el «bueno», es el humor de oposición, de hostilidad, de agresión, lo que se llama «amenaza» entre los animales. En estado puro, la mímica correspondiente no la encontramos más que en casos bien particulares, niños encolerizados o luchadores de lucha libre que sean buenos actores. Por ejemplo: las cejas muy fruncidas, bajas, ocultando los ojos, filtrando la mirada, la nariz encogida y temblorosa, los labios transformados en «morros»: bien apretados y echados hacia adelante, o bien abiertos y levantados (para indicar que no se está de «broma»); los dientes rechinan, el mentón avanza o se eleva. Todo compacto, tenso, a punto de estallar.

La amenaza del «rostro de mármol»

De manera menos caricaturesca, recuerdo las expresiones que podían adoptar una institutriz, un profesor o una inspectora escolar, para echar una reprimenda. Recuerdo, incluso, las mímicas: cejas fruncidas (lo contrario de las cejas de la sonrisa), ojos, nariz y boca recogidos (el otro reacciona y se pone en tensión para afrontarlo y proteger sus vías de comunicación), dientes apretados (el mordisco a duras penas contenido, y las palabras que va filtrando producen, así, un efecto simbólico de mordisco).

Si alguien me presenta, en la vida normal, un rostro semejante, absolutamente cerrado, músculos vibrantes, mentón alzado, es que se prepara para atacarme; no físicamente, sino verbal, racionalmente. Las exigencias de la vida social hacen que a menudo estas mímicas amenazadoras se difuminen hasta no ser más que una silueta. Se habla entonces de rostro «de mármol» o de «piedra». Pero siempre permanecen tres signos bien claros: las cejas más o menos fruncidas, las comisuras de los labios rectas o inclinadas hacia abajo, el mentón más o menos alzado o adelantado.

Dependiendo de la situación, de la personalidad e incluso del vocabulario de que se disponga, uno puede incluir en esta mímica diversos sentimientos: censura, desacuerdo, oposición, ofensa, ruptura, agresividad, rebelión, irritación. De todos modos, se trata siempre de un humor negativo. El otro está «en contra».

Cuando no se puede huir, la mirada es la que huye

Tercera posibilidad: el otro no deseaba, no desea, la entrevista, su sentimiento interior va del miedo a la indiferencia. En todo caso, preferiría no estar allí. Quiere evitar el contacto. Estamos, pues, ante el deseo de huida. Entre los animales y frecuentemente entre los niños, esta huida es real: asustados o no interesados, se dan la vuelta y se van. En el mundo de los adultos, esta huida no es prácticamente posible casi nunca: el subalterno amonestado, el automovilista infractor detenido por un agente, el invitado que se aburre, el amigo al que se encuentra por casualidad precisamente cuando él quería pasar desapercibido, etc., no pueden zafarse y salir corriendo.

Las obligaciones sociales exigen, la mayoría de las veces, que uno oculte su deseo de huir, de estar en otra parte. Siempre se puede mentir verbalmente, pero, las mímicas del rostro reflejan la verdad. Por algo se habla de mirada «huidiza». Toda persona que se encuentre ante nosotros y que, desde el comienzo de la conversación, mire obstinadamente hacia otra parte, desea, en su fuero interno, huir de esta entrevista o, al menos, cabe suponer que lo desea.

Antaño, una mujer a la que un hombre comenzaba a hacer la corte debía mostrar embarazo y pudor. De entrada, rechazar. De ahí el bajar los ojos. Pero, como no estaba muy claro que toda mujer en esas circunstancias se sintiera, como era su deber, en condiciones de huida, el abanico venía en ayuda de sus párpados recalcitrantes. Así, podía imitar fácilmente la huida, sin necesidad de ser una actriz consumada.

El sentido de esta expresión del rostro es, de hecho, tan clara, que muchas personas temen mostrarla demasiado a menudo o con demasiada abundancia, es decir, revelar su timidez, su inhibición, su falta de soltura, y toman de antemano la precaución de ocultarla con unas gafas de sol, pero la máscara no disimula nada, ya que, cuando alguien mantiene puestas sus gafas de sol en una entrevista, por así decirlo, «a la sombra», es porque tiene más o menos secretamente el deseo de huir. Por el contrario, quitarse las gafas «de sol» para abordar a alguien es señal de un humor (estado de ánimo) interior positivo.

Un balinés, un papú, una francesa, un esquimal

En su libro *Contra la agresión,* el científico alemán Irenaüs Eibl-Eibesfeldt, para demostrar que la sonrisa de acogida amistosa es la misma entre los seres humanos de un extremo al otro de la Tierra, presenta estos cuatro ejemplos, dibujados a partir de las imágenes de una película que incluye muchos otros, y que rodó en numerosos y más o menos exóticos parajes. Aquí: un balinés, un papú, una francesa y un esquimal.

Antes de la acogida o recibimiento: la mímica, ligera, de la agresión o de la huida —que instantáneamente se abre—. Los labios se estiran y las cejas se alzan: «Me alegro de verle.»

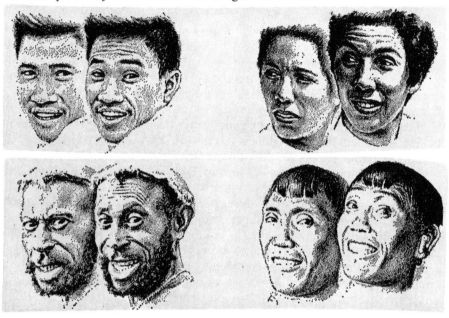

— Para expresar la agradable sorpresa de un encuentro, las cejas se alzan durante 1/6 de segundo más o menos.
— Estas ilustraciones muestran la expresión de los sujetos en el momento de la toma de contacto y de la acogida visual.
— Arriba, a la izquierda: un balinés; a la derecha: una francesa; abajo, a la izquierda: un papú (woitapmin); a la derecha: un indio waika.

(Extracto de I. Eibl-Eibesfeldt: *Contra la agresión*, París, Stock, 1972.)

Las mímicas negativas estilo «retro»

Charles Darwin, el Darwin de *El origen de las especies*, es, también en este campo, el gran pionero: en su obra *La expresión de las emociones en el hombre y en los animales*, aparecida en su versión completa en 1889, estudia, al modo de los especialistas modernos (los etólogos), todas las mímicas del rostro. Por qué y cómo nuestros ojos, nuestra boca, nuestros músculos faciales, se arrugan, se abren, se crispan, se relajan, según lo que ocurra dentro de nosotros —verdaderos sismógrafos de nuestros movimientos internos—. Darwin intentó comprender, en sus más minuciosos detalles, qué músculos concretos entraban en acción en la expresión, por ejemplo, del asco, de la desconfianza, de la decisión, de la cólera, de la meditación, etc. Sus ilustraciones, fotografías del siglo XIX, tienen sin duda gran encanto, pues son muy, realmente, muy «retro», pero están muy bien elegidas y resultan significativas. Especialmente, en todo lo que se refiere a los humores negativos —particularmente importantes, por nefastos y bloqueantes, en los primeros minutos de todos los contactos humanos. En ellas, vemos con gran claridad las cejas fruncidas, el mentón tenso, la boca crispada, las comisuras caídas.

A la izquierda, arriba: profundo desprecio; abajo: cólera. En ambos casos, se enseñan los dientes.
En el centro: asco. Cejas fruncidas, gesto de rechazo.
A la derecha: indignación. Gestos y mímicas, a medio camino entre la amenaza y la huida.

Los gestos

Después de las mímicas del rostro, y casi tanto como ellas, son los gestos de la mano los que expresan mejor y de modo más patente el humor interno de alguien.

Los gestos de salutación no dependen ni del carácter ni del humor

Pero, ¡cuidado! Muchos de estos gestos, particularmente los que tienen lugar al principio de cualquier contacto, están bastante estrictamente codificados por el medio social en el que uno viva: aquí, se estrechan las manos, mano derecha de uno, mano derecha de otro. En algunos casos (condolencias o felicitaciones) hay que emplear las dos manos. Según el grado de parentesco o los hábitos geográficos, la persona acoge al otro entre sus brazos para besarle, dos, tres y hasta cuatro veces. Se quita uno el sombrero, inicia o hace una reverencia, tiende su mano para que se la besen, lleva la mano hacia su quepis o la pega a la costura de su pantalón, levanta el brazo para gritar: «¡Heil!»... o lo que sea, etc.

Son los gestos de saludo. Esto es algo que nos viene impuesto. Y nadie se libra de las costumbres que ha aprendido. Puede ocurrir, evidentemente, que estas costumbres aprendidas, y perfeccionadas por el entorno social habitual, no sean las apropiadas para otro entorno social en el que uno penetre. Por eso, no hay que sacar conclusiones sobre la personalidad o el humor de la persona que se encuentra en una situación que no es la suya, salvo, precisamente, eso, que se encuentre fuera de su ambiente habitual.

Antes de continuar, es sin duda necesario comprender por qué existen todos estos gestos de salutación y por qué no es posible evitarlos. Por encima de todas las variantes culturales, se trata siempre de lo mismo: mostrar, extender, ofrecer la palma de la mano al otro, a los otros, con quien uno se encuentra. Esto se remonta a muy atrás, incluso a antes de la humanidad.

Un apretón de manos histórico: Jane la inglesa y David el chimpancé

He aquí cómo Jane van Lawick-Goodall, en *Mis amigos los chimpancés,* describe su encuentro con uno de los chimpancés cuyo comportamiento iba a estudiar y que la hicieron célebre.

«Pero hay algo que nunca lamentaré: mi primer contacto con David

Barba-gris, con ese David que, debido a la dulzura de su carácter, permitió que un mono blanco desconocido le tocase. ¡Qué triunfo para mí en el plano de las relaciones que un ser humano puede establecer con una criatura salvaje! Puedo decir, sinceramente, que, cuando estaba con David, sentía a menudo que nuestras relaciones se impregnaban de una amistad que yo nunca hubiera creído posible con un animal salvaje, totalmente libre, que ignoraba la cautividad.

»A lo largo de esas jornadas en el Gombe Stream, pasé mucho tiempo sola con David. Hora tras hora, le seguía por los bosques: me sentaba y le observaba mientras se alimentaba o descansaba; a veces, tenía que hacer grandes esfuerzos para seguirle cuando penetraba por una maraña de lianas. Estoy segura de que me esperó más de una vez, como hubiera esperado a Goliat o a William. Porque, cuando al fin yo conseguía emerger de un enorme sotobosque espinoso, sin aliento y totalmente arañada, le encontraba frecuentemente sentado, con la cabeza vuelta en mi dirección. En cuanto me veía aparecer, se levantaba y continuaba su marcha correteando.

»Un día, cuando me había sentado cerca de él en la orilla de un arroyo de agua cristalina, divisé un dátil rojo y maduro caído en el suelo. Lo recogí y se lo tendí en mi mano abierta. Desvió la cabeza. Pero, cuando alargué mi mano hacia él, la miró, luego, me observó detenidamente y cogió el fruto, pero, al mismo tiempo, tomó mi mano con suave firmeza entre las suyas. Yo permanecía inmóvil; soltó mi mano, miró un instante el dátil, y lo dejó caer al suelo.

»En ese momento, no era en absoluto necesario tener conocimientos científicos para comprender que él había querido confortarme a través de la única comunicación de que era capaz. La amistosa presión de sus dedos me habló, no por el conducto de mi inteligencia, sino por el canal más primitivo de la emoción: la barrera de innumerables y mudos siglos que se había alzado en el transcurso de la diferente evolución del hombre y del chimpancé acababa de derrumbarse durante esos pocos segundos.

»Jamás hubiera esperado recibir una recompensa más bella.»

A cada actitud mental, una actitud muscular

No todos los gestos de nuestras manos están tan codificados como los del saludo, pero siempre están bastante seriamente controlados. Y esto es particularmente cierto para los gestos de los cinco primeros minutos: no es posible dejarse llevar por los gestos de la agresividad o del contacto excesivo, salvo en casos concretos y bien delimitados; no se puede tocar y palpar todos los objetos, salvo cuando se es niño, y, aun así, bastante pequeño; no se pueden prodigar los pequeños gestos para con uno mismo (rascarse la nuca, pasarse los dedos por el cabello, frotarse las manos, etc.).

Pese a esta multitud de censuras sociales, la creatividad de nuestras manos para moverse y expresarse, para expresarnos, es tal, que un especialista del tema ha podido considerar que a cada actitud mental corresponde una actitud muscular.

Si tuviera usted tiempo para analizar los gestos del prójimo

¿Un poco de ciencia psicológica? Ese especialista llamado Mira y López ha elaborado un test de los gestos, comparable a un sismógrafo. Los gestos manuales se materializan en líneas sobre el papel de dibujo. He aquí algunas conclusiones de ese test: la mano derecha expresaría el humor presente e inmediato, la mano izquierda la personalidad profunda. Los movimientos hacia arriba reflejarían el optimismo, los movimientos hacia abajo la depresión. Los gestos hacia el exterior, más allá de uno mismo, significarían extroversión e interés por el prójimo, los gestos hacia el interior, introversión y egoísmo.

Pero este test requiere mucho tiempo, mucho más de cinco minutos. Es la investigación más ambiciosa y más complicada que se haya realizado para descubrir el humor y la personalidad a partir, exclusivamente, de los gestos. Por el momento, podemos dejarlo en manos de su especialista, ya que, felizmente, existen muchos otros, y bastante más abordables.

Flexión: uno mismo; extensión: el prójimo

El principio más asimilable por todo el mundo y utilizable rápidamente en cualquier circunstancia, por tanto, particularmente práctico y fácil al comienzo de cualquier clase de entrevista, es éste: los movimientos de flexión se refieren a uno mismo; los movimientos de extensión, al mundo exterior y a los demás. En cuanto al grado de interés por uno mismo o por los demás así manifestado, viene indicado por la soltura o la rigidez del movimiento: por lo que se refiere a la extensión, va desde la atención más benévola al deseo de actuar sobre el prójimo y, para la flexión, desde el repliegue tranquilo a la exaltación de emociones violentas.

LAS REVELACIONES QUE NOS VIENEN DE LOS PIES

Esta distinción fundamental entre gestos de extensión y gestos de flexión no sólo es válida para las manos, sino también para los pies. Más exactamente, para las piernas. Investigadores norteamericanos han descubierto (ya que ¿existe algo por lo que no se interese un día u otro un investigador norteamericano?) que era el rostro lo más revelador de las emociones internas, luego, las manos y, después, las piernas: «Como es más fácil de controlar, según un comentarista francés, las mímicas faciales que los movimientos de las manos y sobre todo los de las piernas y pies, son estos últimos los que pueden ser más reveladores en el caso de que el sujeto intente ocultar sus emociones.»

LO QUE DICEN LAS MANOS... Y LOS PIES

Manos extendidas con soltura: «Le comprendo»

Es el gesto del brazo alargado para estrechar la mano, de los brazos alargados para besar o abrazar a alguien; el de alguien detrás de una mesa de despacho, con los antebrazos apoyados sobre la mesa, en actitud abierta.

En extensión rígida: «Ordeno y mando»

Es el gesto del agente de policía, del profesor interrogando a un alumno, del señor seguro de sí mismo que apoya los brazos sobre la mesa, de pie, inclinado hacia adelante.

En flexión suelta: «Es su problema, no el mío»

Es el alumno un poco apoltronado, con los brazos cruzados, o alguien sentado en su despacho, con los codos sobre la mesa, las manos cruzadas en X; es el gesto del que se sostiene la cabeza con una mano y el mentón con la otra.

En flexión rígida: «Estoy harto»

Hombros tensos, brazos cruzados en horizontal, en una actitud de reprimenda; manos sobre las caderas y los hombros altos; es también el gesto de frotarse las manos, no para alegrarse de algo, sino «jabonándoselas» en un gesto de impaciencia.

Manos en extensión y pies en flexión: «Los colosos con pies de barro»

Sentado en su despacho, por ejemplo, se abren y se alargan los brazos hacia el otro, pero, bajo la mesa, los pies se traban. O, de pie, es la profesora principiante, que apunta con su brazo hacia sus alumnos o hacia el tablero, pero que ha puesto un pie delante del otro, en equilibrio inestable.

Manos en flexión y pies en extensión: «Desconfiar de las manos tranquilas»

Exposición sentada, los pies se estiran y las piernas se extienden, mientras que una mano sostiene un cigarrillo y la otra se apoya, replegada sobre el escritorio. De pie, es la actitud del boxeador = piernas separadas, bien estiradas, bien plantadas y los brazos cruzados en guardia.

Manos y pies en flexión: «¿Indiferencia real o estudiada?»

Es una posición que se da sobre todo sentado, cuando alguien se acurruca en un sillón o en un sofá, totalmente replegado y protegido. De pie, es una actitud de flojera que se apoya a menudo sobre una pared como para evitar caerse de aburrimiento.

Manos y pies en extensión: «Cuente conmigo»

El político aborda a su futuro elector, el andar seguro y los brazos estirados. Sentado, el examinador, piernas bien estiradas bajo la mesa y los brazos extendidos sobre la mesa, totalmente consagrado a quien tiene enfrente.

Los «gestos» de la mirada: lo que significan

En el rostro, la mirada es la que tiene una mayor movilidad y, por tanto, la más amplia gama de expresiones gracias a sus movimientos.

Solemos interpretarlos por instinto y, por consiguiente, con mayor o menor acierto. Ahora bien, estos movimientos son muy valiosos, pues nos ayudan a precisar lo que vive el otro en el momento mismo del contacto.

Movimiento de los ojos

Estos movimientos señalan la atención, que significa que el otro mira algo o a alguien. Si su atención sensorial es intensa, voluntaria, ese movimiento es acentuado por los músculos de alrededor del ojo: abre los ojos de par en par o, por el contrario, los entreabre para filtrar y afinar su mirada o, incluso, parpadea ostensiblemente cuando lo que ve le emociona.

Los tres planos de la mirada

Cuando la mirada del otro está en un plano horizontal y hacia adelante, es que le está mirando a usted: está en el presente y en la realidad. Si su mirada se desvía hacia un lado, es que se está apartando de usted, provisionalmente, sin duda para reflexionar más cómodamente.

Si mira hacia arriba, le producirá a usted la impresión de estar medio presente y medio ausente: está reflexionando, sin duda, pero, más precisamente, en el campo de la imaginación.

Cuando la mirada del otro se dirige hacia abajo, un poco hacia adelante, como si le estuviera mirando a usted los pies, es que tiene tendencia a huir del contacto, al menos momentáneamente. Si, siempre hacia abajo, su mirada se desvía al mismo tiempo hacia un lado, es signo de crispación, de irritación aún disimulada: huye a medias para, eventualmente, volver a la carga en posición de fuerza y muy negativamente.

Cuando se mira abiertamente los pies, es que se encuentra muy a disgusto y no puede resistirle a usted la mirada.

Extroversión, introversión, ambivalencia

La mirada de un individuo «normal» pasa por todos estos movimientos, según el tipo de entrevista, las réplicas que se crucen, su humor del momento. Algunos son más numerosos que otros, e indican el grado de extroversión y de introversión del individuo.

El extrovertido mira fundamentalmente sobre el plano horizontal y alternando, de vez en cuando, movimientos hacia un lado o hacia arriba.

El introvertido mira sobre todo hacia abajo, tanto más y tanto más abajo cuanto más introvertido sea.

El ambivalente oscila entre estos dos tipos de movimientos según las necesidades del momento: en general, tiene una mirada extrovertida en situación de contacto y de relación, pero una mirada introvertida cuando está solo o cree no ser observado.

LA VOZ

La voz permite expresar —y, por consiguiente, reconocer— las emociones y los humores exactamente como las mímicas del rostro. Para demostrarlo, este experimento: un actor lee un texto anodino de diferentes maneras, poniendo en su voz tal emoción, y después tal otra. Al escuchar las diversas grabaciones, la mayoría de las personas reconocen las emociones. Todos hacemos algo parecido cada día; particularmente, durante las conversaciones telefónicas. Desde las primeras palabras, e incluso sin tener en cuenta su sentido, detectamos inmediatamente el humor de nuestro comunicante.

La voz revela el grado de «implicación»

Pero, ¿al inicio de un contacto cara a cara? Se supone que el rostro, la actitud, las palabras pronunciadas, servirían ya para darnos a conocer todo lo que debemos saber sobre el otro: lo cual es, la mayoría de las veces, cierto. ¿Puede aportar la voz una información suplementaria que no sería detectable ni en el rostro ni en los gestos ni en las palabras? Sí, y se trata de algo muy importante, esencial incluso. Se trata del grado de implicación del otro en la conversación. A medida que ésta se va desarrollando, lo que él dice es lo que, poco a poco, le revela, revela el interés que pone en ella, la importancia que le concede, la energía que le consagra.

Algo visceral

Desde el primer momento, es la voz lo que, siempre que se tenga el oído atento y sutil, puede rápidamente aportarnos información. Las vibraciones vocales emergen de lo más profundo del cuerpo: la voz depende de los músculos abdominales (y de la laringe y la faringe, por supuesto); tiene, pues, algo de visceral y, según un especialista, el doctor Jean Guilhot, su expresión «está indirectamente influida por la actividad muscular general» *.

Un mecánico experimentado puede saber, solamente por el sonido, a qué velocidad, o a qué número de revoluciones, marcha un motor.

---

* J. Guilhot, *La dynamique de l'expression et de la communication* (París, Éditions Mouton).

Si pudiéramos hacer lo mismo con la voz humana en todos los cinco primeros minutos, sabríamos, adivinaríamos, a qué velocidad enfoca y aborda la entrevista el otro: si ya está presente, si casi lo está, si va a estarlo pronto o si aún permanece lejos, averiado... Esto sólo es una imagen, pero creo que bastante acertada.

Se deben considerar tres aspectos: el tono (agudo o grave), el volumen (fuerte o débil), el ritmo (modulado o átono).

Voz atascada en el agudo: bloqueo e inhibición

En lo que se refiere al *tono,* un principio básico: todo deslizamiento hacia el agudo, un agudo excesivo, es síntoma de una emoción de inhibición. El exceso de emoción ahoga la voz y, repentinamente, una sílaba o una palabra se pronuncian en una nota mucho más aguda que la precedente. Esto es frecuente al inicio de una entrevista considerada importante, social o afectivamente: examen oral, declaración o ruptura, explicación difícil con un superior o un subordinado, etc. Naturalmente, esto muestra bien a las claras que la persona está enormemente implicada, hasta el punto de encontrarse bloqueada, inhibida. La energía no está realmente disponible para el contacto.

A veces, bastan unos instantes para que el bloqueo ceda, y el calor almacenado pueda entonces irradiarse. Si el bloqueo no cede, se nota perfectamente; la voz persiste en mantenerse demasiado aguda y la acción no puede comenzar. En todo caso, tendrá grandes problemas para iniciarse. La voz está atascada y, por lo tanto, la reunión también está atascada. El interlocutor, el interesado, los demás, lo notan, lo sienten de forma muy acusada incluso.

Hablar demasiado alto o demasiado bajo: inadaptación a la situación

Segundo punto: el *volumen.* Alguien que aborda una entrevista en un estado de tensión mal adaptado a la situación, habla o demasiado alto o demasiado bajo. Esto dependerá de su carácter. El que habla demasiado alto manifiesta de ese modo su deseo de dominar rápidamente, de dar muestras de autoridad inmediata o de voluntad, sin duda porque no está muy seguro de conseguirlo. Representa su personaje para sí mismo; *no se preocupa por el contacto y no ve ni oye bien* a su interlocutor o interlocutores. Toda la tensión movilizada parte, no impresiona a nadie y vuelve a su punto de partida como un bumerang, con las manos vacías.

Y el que habla en voz baja es porque no está en estado de tensión visceral, respiratoria, muscular; ésta no se ha movilizado para este primer contacto. Puede haber diversas razones para esto: una tendencia inicial a la inhibición, a la introversión, que se manifiesta en cada ocasión, particularmente al principio de cualquier entrevista, o bien un desinterés por ese caso particular. La persona no puede o no quiere hacer el esfuerzo de ser oída.

Las voces frías y las voces cálidas

La fuerza y el tono no son suficientes para definir una melodía: está también el *ritmo*. ¿Ocurre lo mismo con la voz humana? El problema ha sido particularmente estudiado en los medios psiquiátricos, donde se dieron cuenta de que uno de los síntomas más fiables de la tendencia al repliegue neurótico, posteriormente psicótico, sobre uno mismo, de la ruptura con la realidad y con los demás, era precisamente un ritmo de elocución átono, monótono, entrecortado, lento. Hablamos aquí de un estado que se prolonga en el tiempo, lo que lo convierte en anormal.

Pero, en la vida cotidiana normal, este ritmo vocal revela claramente un rechazo al contacto, un mantenerse a cubierto, un deseo de retirada, frialdad: la voz de la empleada de correos que se aburre y responde con hastío, la voz de un allegado que rechaza una «explicación», la voz de una persona entrevistada y poco inclinada a colaborar.

En el lado opuesto, existe el ritmo cálido, vivo, modulado, animado, vinculado a la persona que está presta para el contacto y la conversación: el amigo con el que nos encontramos, el profesor o el empleador contentos, el niño feliz de vuelta del colegio o de otro lugar, el camarada indispensable. Entonces la voz vibra y palpita.

Un «truco» de la radio para tener un buen contacto telefónico

Al principio de una conversación telefónica importante, a menudo uno desea parecerse al interlocutor dinámico, vibrante, muy presente. Y uno no sabe muy bien qué hacer para lograr que todo eso se refleje en la voz. He aquí un «truco» de radio utilizado por todos los animadores para decir con una convicción, tan aparentemente total, los mensajes publicitarios: hay que sonreír al hablar. Sí, sonreír. Ampliamente. Exageradamente. Y no abandonar esa sonrisa. Haga la prueba y verá: su voz se verá como mágicamente transformada. ¿Por qué? Difícil de decir. Probablemente, la sonrisa, incluso plantada artificialmente en el rostro, repercuta sobre el humor interno que, así metamorfoseado, metamorfosea la voz.

LA ACTITUD

En los primeros minutos de cualquier contacto humano, cada una de las personas presentes experimenta forzosamente los humores y las disposiciones internas que las precedentes secciones nos han enseñado a detectar y reconocer. Aquí no puede haber neutralidad, porque, si hay neutralidad, no hay contacto: así, los transeúntes de una calle están en un estado neutro los unos con relación a los otros. Pero, si uno de ellos aborda a otro y entabla un diálogo, cada uno de ellos va a tener un cierto número de reacciones. Estas reacciones, estos humores son, pues, de tres clases: afectivas, intelectuales, físicas. *Afectivas,* y reveladas por las mímicas del rostro, reflejan el placer de estar allí y de encontrarse con el otro, o el desagrado (hostilidad, deseo de huir). *Intelectuales,* y manifestadas a través de los gestos, reflejan la atención al otro o la desatención y el rechazo (cada uno permanece centrado sobre sí mismo). *Físicas,* y transmitidas por la voz, reflejan la tensión energética, el tono, con los que se aborda la entrevista, el impulso o la ausencia de impulso, el reposo.

Los «tacos de salida» del contacto

Pero estas tres series de humores, de las que depende el posterior desarrollo de los acontecimientos, son independientes las unas de las otras: uno puede estar encantado de entrevistarse con alguien sin estar realmente atento a él, pero contando ya antes con su atención y con lo importante, sea de forma activa, sea de forma pasiva, etc.

Las combinaciones definen el comportamiento aparente del otro, su actitud general. Son ocho; todos nuestros contactos, todos nuestros diálogos o conversacions comienzan, los primeros minutos, en una u otra de estas casillas. Son, en suma, los «tacos de salida» de todas nuestras entrevistas. Helas aquí, clasificadas de las más favorables a las más desfavorables.

Humor intelectual	Humor afectivo	Humor físico (o energético)	Actitud general
Atención	Placer	Movimiento	1. Disponibilidad activa
Atención	Placer	Reposo	2. Disponibilidad pasiva

Humor intelectual	Humor afectivo	Humor físico (o energético)	Actitud general
Atención	Desagrado	Movimiento	3. Obligación activa
Rechazo	Desagrado	Reposo	4. Obligación pasiva
Rechazo	Placer	Movimiento	5. Egocentrismo activo
Rechazo	Placer	Reposo	6. Egocentrismo pasivo
Rechazo	Desagrado	Movimiento	7. Rechazo activo
Rechazo	Desagrado	Reposo	8. Rechazo pasivo

1. Disponibilidad activa: el contacto humano idílico

Atención + placer + movimiento.

Es la persona que, topándose con el ser amado, vive la realidad de los reencuentros deseados. Es también la acogida —o, al menos, así debería ser—, del médico, del psicólogo, del abogado, del profesor, de todos los que pueden hacer algo por nosotros. En el fondo, cuando usted se halla ante esta situación, no tiene casi ninguna iniciativa que tomar: usted siempre puede dejarle hacer al otro, tanto más cuanto que esta disposición anímica es muy contagiosa. Por este motivo, además, le costará mucho resistirse en el caso de que no desee que el otro tenga esta actitud hacia usted. Se sentirá inevitablemente halagado, emocionado, de suscitarla y puede acabar apoderándose de usted en pocos minutos.

De todas formas, no intente moderar el impulso del otro: le haría sentirse un poco frustrado, mientras que, por el contrario, si usted le deja expresar completa y rápidamente su entusiasmo, le hará sentirse muy feliz. Y no le pida demasiado, demasiado a prisa, esa disponibilidad activa, como si fuera algo obligatorio para con usted y que no merece ninguna forma de agradecimiento, si no, se debilitará y se eclipsará en pocos minutos. A nadie le resulta agradable llegar lleno de entusiasmo y de ardor y que el otro dé la impresión de no apreciar el esfuerzo.

2. Disponibilidad pasiva: ¿una actitud «femenina»?

Atención + placer + reposo.

El otro está contento con la reunión, con el contacto, pero poco dispuesto a tomar la iniciativa de su desarrollo y de los acontecimientos. Este es, a menudo, el caso de las mujeres en su papel tradicional de mujeres: por ejemplo, ante cuestiones del tipo: «¿Dónde vamos a cenar esta noche?», responden: «Donde tú quieras», «donde usted quiera». Es la actitud también de colaboradores activos, pero prudentes, al inicio de una reunión de trabajo: antes de movilizar su energía, esperan a que otro les indique el camino. La actitud, también, de los oyentes o de los alumnos al principio de una conferencia o de una clase, a pesar de todo, tan esperadas: no manifiestan desinterés, pero su participación se anuncia pasiva. Muchas personas aprecian esta disponibilidad amable y poco embarazosa, pues les produce la impresión de ser los dueños de la situación. En ese caso, perfecto. Pero, ¿y los que gustan de tener ante sí más interpelación? Evidentemente, no hay que forzar al otro, o a los otros, durante los primeros minutos, sino asumir de entrada la iniciativa. El peligro radica en la tentación de violar inmediatamente esta disponibilidad, lo que provocaría rápidamente un descenso de la atención inicial y del placer que proporcionaba la reunión. Así pues, una actitud que hay que manejar con prudencia.

3. Obligación activa: profesión obliga

Atención + desagrado + movimiento.

Es el comportamiento tipo al comienzo de un acto de la vida profesional y que requiere una parte de iniciativa: principio de la jornada, apertura de una reunión de trabajo, etc. La atención y la energía deben movilizarse, de grado o por fuerza, y, muy a menudo, más bien por fuerza. Finalmente, todo marcha: el trabajo se hace y las cosas avanzan; profesión obliga. Pero, si demasiadas actividades comienzan sin ningún placer, ello no deja de tener una grave repercusión sobre el compromiso intelectual y físico. Las alegrías se debilitan, la eficacia disminuye y el trabajo se vuelve esclavitud. Este es uno de los grandes problemas de nuestro tiempo, esa falta de placer para sumergirse cada día en los diversos actos de la vida profesional. ¿Cuál es la causa? ¿Las estructuras colectivas? ¿Los problemas individuales?

De todos modos, lo más probable es que esta manera de abordar un contacto de trabajo sea, generalmente, positiva, de manera que la expresión «ir a dar el callo» tenga siempre un sentido más figurado que concreto. En la vida privada, es bastante raro que los cinco primeros minutos se vivan con esta actitud, ya que, en las relaciones individuales, la ausencia de placer va casi inevitablemente acompañada de la falta de atención del otro.

4. Obligación pasiva: la inhumana «Administración»

Rechazo + desagrado + reposo.

La atención obligatoria, sin sombra de impulso humano ni de energía, es la forma en que todos esperamos, tristemente, ser recibidos por la «Administración»: alguien, detrás de una ventanilla o de una mesa, nos escucha y comprende nuestro problema; nuestro problema, ciertamente, pero no nos comprende a nosotros. Algunas personas lo soportan muy bien, y el contacto sólo dura unos minutos. Otras no pueden soportarlo e intentan prolongar el contacto, con la esperanza de que el otro vaya poniendo, poco a poco, algo más de energía y de compromiso personal positivo. Por lo general, esta insistencia sólo tiene como resultado el hacer que desaparezca incluso la atención inicial.

Esta actitud es también con frecuencia la de los alumnos y los estudiantes al principio de una clase, y el profesor ni siquiera sabe, muchas veces, si esta atención es real o fingida. Gran parte de las investigaciones pedagógicas actuales se centran en los posibles medios para remediar este problema de «hacer el saque», de iniciar clases y cursos.

En la vida privada, semejante tipo de contactos sólo pueden tener lugar en casos de relaciones muy deterioradas, pero que guardan las apariencias. Uno está obligado a «estar» con su mujer, con su marido, con tal pariente o tal amigo: pero el ánimo no acompaña y, aun viviendo concretamente el contacto, uno se defiende por la fuerza de la inercia.

5. Egocentrismo activo: el mundo de los «autoritarios»

Rechazo + placer + movimiento.

Esta forma de entablar los contactos humanos, con entusiasmo y energía, pero sin preocuparse realmente por los demás, pertenece de manera típica a esos que la caracterología norteamericana llama «los autoritarios»: abordando a su mujer, a su marido, a sus hijos, a sus colegas o a un auditorio, reclaman inmediata y perpetuamente una atención total sin ofrecer ninguna a cambio. A menudo, se embarullan en sus gestos, dan la espalda a sus interlocutores y es muy difícil encontrar su mirada.

¿Qué actitud adoptar ante ellos? Si no se los detiene pujando con más «autoridad» inmediatamente, la experiencia demuestra que, después, resulta prácticamente imposible pararles cuando van «lanzados». En la vida privada, sus allegados se acostumbran generalmente a estas relaciones desequilibradas y dejan siempre al otro la iniciativa de las conversaciones, de las «explicaciones», etc. En la vida social y profesional, esta actitud es la mayoría de las veces fuente de conflictos, bien larvados, bien manifiestos. De todas formas, todo el mundo siente temor de reunirse con personas de quienes se sabe pertinentemente que se comportan de esa manera, tanto en los cinco primeros minutos como en los siguientes.

6. Egocentrismo pasivo: el placer de la dependencia

Rechazo + placer + reposo.

Es la actitud de dependencia cuando abordamos a alguien del que esperamos algo: un médico, un superior condescendiente, un ser amado dominante, etc. El placer radica en la esperanza de que el otro va a responder a la solicitud: el otro es el que otorga su atención y suscita la energía. Si esta actitud de egocentrismo pasivo tiene enfrente una disponibilidad activa, el ajuste se produce desde los primeros segundos de la reunión, y todo se desarrolla bien. Pero, si no es este el caso, si los dos interlocutores están en estado de fuerte pretensión, y esperan sin ofrecer nada, nos encontramos ante una situación de incomunicabilidad, no siempre evidente en los primeros minutos de desarrollo verbal del contacto. Entonces es cuando la lectura inmediata de los humores resulta más útil para evitar graves decepciones ulteriores: sea en la vida privada o en la profesional, si se encuentra usted ante alguien, sonriente desde luego, pero, por ejemplo, protegido detrás de sus brazos, con una voz un poco baja y cansina, inútil contar con él en ese momento. Está esperando de usted lo mismo que usted espera de él. ¿Cuál es entonces la solución? O persistir en su actitud, pero el otro hará lo mismo: estaremos ante dos líneas paralelas que no se encuentran; o ceder ante el otro, lo que es bello pero frustrante, o dejarlo para más adelante. Intentar engañar al otro es poco realista y poco eficaz.

7. Rechazo activo: cómo decir no, esa es la cuestión

Rechazo + desagrado + movimiento.

Cuando se sabe desde el principio, bien porque él lo diga o bien por disponer de información previa, lo que el otro quiere y que se ha decidido a decir no, es preferible adoptar inmediatamente esta actitud de rechazo activo, sin manifestar placer —ni siquiera por cortesía— ni atención al otro. En caso contrario, como hemos visto anteriormente, nada es más contagioso que un humor positivo, amistoso y se encontrará con que usted ha cambiado de actitud sin apenas darse cuenta. Pero, como todo el mundo ha comprobado alguna vez: adoptar una actitud de rechazo activo desde el primer momento y mantenerla firmemente es muy difícil. O bien se exagera por el camino de la explosión de energía, la persona grita, se encoleriza, o bien huye rápidamente para librarse del dilema. Entonces, ¿qué hacer ante un oponente decidido? Esperar a que esa explosión de energía se agote si el otro empieza por ahí, ya que, después, inevitablemente, tendrá ganas de ceder. Generalmente, hacen falta bastante más de cinco minutos para que el fenómeno entero se desarrolle. Pero, si usted aguanta los terribles primeros instantes, oponiendo una amable disponibilidad, de tipo pasivo, usted será el vencedor final: sonría, escuche, no haga nada.

8. Rechazo pasivo: la omnipotencia de la fuerza de la inercia

Rechazo + desagrado + reposo.

El rechazo pasivo es la fuerza de la inercia. El otro no manifiesta ningún placer de verle a usted, ni le presta atención, ni tampoco pone mucha energía en oponerse. El adolescente que no quiere una conversación «con el corazón en la mano», o un colaborador firmemente decidido a actuar a su antojo, o un cliente potencial pero nada interesado, o un funcionario realmente no interesado.

Es muy difícil saber cómo afrontar este contacto no deseado: los cinco primeros minutos —y el resto— corren totalmente a su cargo. Un principio básico: los humores son contagiosos. Entonces, cuidado con no dejarse ganar por la inercia ambiental. Ponga cuidado en no reaccionar agresivamente, su hostilidad, contagiará al otro. No juegue tampoco a simular estar atento, feliz, enérgico: a menos que usted sea un actor notable, no sabrá imitar exactamente todos los signos de esos humores positivos, y el otro lo advertirá sin duda. La única condición para el éxito es experimentar realmente esas disposiciones internas. Esto es bien difícil también. Comience por la atención: es el humor más manejable a voluntad, y espere a que los otros aparezcan. Los buenos vendedores saben hacer eso, o deben saber hacerlo. Éste es, de hecho, el motivo de que esa profesión sea tan agotadora para los nervios.

LA VESTIMENTA

¿El hábito hace o no hace al monje? Parece que si cada uno de nosotros supiera responder a esta pregunta, tendría en su mano la llave maravillosa que le abrirá de inmediato los secretos del prójimo: lo que él es realmente. Pero no hay que plantearse la cuestión así, puesto que acabamos de ver que es el rostro el que revela lo que se es conscientemente y el cuerpo lo que se es inconscientemente. El descifrado puede ser sencillo y rápido. Entonces ¿la indumentaria (el hábito)? Indumentaria en un sentido muy amplio que englobe la presentación externa de la persona: no sólo la ropa, sino también el peinado, el maquillaje, etc.

He aquí la respuesta: el que luce un hábito de monje quiere, lógicamente, parecer un monje a los ojos de los demás. Esto es ya un indicio importante a primera vista, pero se puede intentar llegar mucho más lejos.

Abordaremos, en primer lugar, la función social de la vestimenta: existe la norma, lo que está más allá de la norma y lo que no llega a la norma.

La norma, en materia de indumentaria (peinado, maquillaje, etc.), es el resultado de un consenso bastante variable en el tiempo, pero siempre unánime: todos sabemos, en todo momento, cuál es la «moda» normal, tanto de forma global como por categorías. En este campo, todos tenemos, sin necesidad de reflexionar sobre ello ni de esforzarnos, «buen ojo»: para la longitud de las faldas, la ausencia o la presencia de corbata, el color del carmín, la forma general de los zapatos, etcétera.

Poco importa aquí cómo y por qué se establece este consenso. Es un problema sociológico nada fácil de analizar. Lo importante es esto: en los primeros segundos del contacto se sabe inmediatamente si el otro está dentro de los límites de esta norma o no. Es lo que se llama el «buen gusto», las «buenas maneras», el «como Dios manda», términos en sí mismos bastante significativos. Todo «hábito» de ese estilo indica la buena adaptación del individuo que uno tiene ante sí al entorno, a su situación, a la época. Es, pues, un indicio fundamental sobre su personalidad. Yo diría, además, que esta buena adaptación de la apariencia contribuye en gran medida a facilitar la entrevista.

Más allá de la norma hay un exceso de moda, de elegancia, de ornamentación. La persona valoriza una de sus características en detrimento de las demás, y quiere imponer la imagen. La insistencia es bien sexual, bien jerárquica.

Ser «muy» hombre o «muy» mujer

La *insistencia sexual* a través de la ornamentación es propia tanto de los hombres como de las mujeres. Para las mujeres son los labios pintados con colores fuertes, los pechos bien torneados, el trasero torneado igualmente. Para los hombres la abertura del cuello (referida a un elemento sexual secundario, las más de las veces oculto: la vellosidad del pecho), las caderas (con un gran cinturón, pantalón de talle bajo, etc.). El objetivo de esta insistencia sexual es demostrar que se es, en primer lugar, un hombre o, en primer lugar, una mujer, antes que un ser humano en el sentido específico del término. Pienso, por ejemplo, en los toreros, cuya vestimenta está totalmente centrada sobre el talle y las caderas: pero el resultado es una especie de visión poética, casi mística, de la virilidad, si creemos en los antiguos orígenes religiosos de la tauromaquia, más que en un donjuanismo concreto (aunque éste no esté forzosamente excluido...). Para las mujeres, pienso en los vestidos de noche, que descubren el pecho hasta el límite extremo de lo admitido en sociedad: todo el mundo está de acuerdo sobre el hecho de que no se trata de un exhibicionismo vicioso; se trata de ser «muy» mujer.

En todos los casos, la persona se preocupa por poner de relieve su pertenencia sexual y de exhibir, de ese modo, su apego a los valores a ella vinculados. Para los hombres, el valor, el éxito social, las reponsabilidades familiares, etc.; para las mujeres, el encanto, la docilidad, la ternura, el hogar, etc. Y les complace que, de entrada, esos valores queden claramente establecidos al principio de la entrevista; hay que demostrarles que se les toma realmente por lo que quieren parecer; «auténticos hombres», «auténticas mujeres».

La *insistencia sobre la situación jerárquica* es algo propio fundamentalmente de los hombres. Hoy en día es mucho menos habitual, pero existen aún círculos donde los hombres exhiben claramente el grado y la amplitud de su situación social: bien mediante una vestimenta especial que sólo ellos tienen derecho a llevar (uniformes militares, por ejemplo), bien por la proliferación de signos indicadores (condecoraciones, medallas, etc.). Esto puede ser discreto o puede ser ostentoso. A veces, apropiado; a veces, fuera de lugar. En todo caso, estos detalles significan: «He aquí el hombre que yo soy. Espero ser tratado en consecuencia.»

Las vestimentas que desvalorizan

Por debajo de la norma encontramos una forma de vestirse y de arreglarse «no de moda» —es decir, en retraso sobre el consenso general—, neutra o triste. O, también, una forma de «deterioro»: la negligencia, la suciedad. En todos los casos uno se señala conscientemente como «desapegado» socialmente, como el que ya no está «en el ajo». Las viudas se visten —se vestían— de negro; las personas mayores, con colores más oscuros que claros; los vagabundos, con harapos; los huérfanos, con uniformes poco favorecedores, etc. Fuera de estas formas casi institucionalizadas están todas las formas individuales posibles; todas significan que uno se «deja ir» fuera de las normas, de forma más o menos voluntaria.

Actualmente, a consecuencia de tantas investigaciones psicológicas o sociológicas, se plantea mucho el tema de la adaptación o la inadaptación social: ¿hay o no hay que estar «adaptado», y a qué nivel?

De modo que se tiende a evitar lo más posible que todos estos signos de marginalidad social sean desvalorizadores. Ya no se aprueba el luto obligatorio ni los uniformes para los niños de la beneficencia; la moda es considerada como algo universal, se tengan veinte años o sesenta, para la ciudad o el campo, para un obrero o un director general.

Toda vestimenta que «desvalorice» no debe, pues, ser interpretada como signo social, sino como signo individual.

Todo desorden externo corresponde a un desorden interno

En efecto, detrás de la apariencia de la vestimenta es fácil distinguir al ser real. Existe un principio absoluto: todo desorden externo corresponde a un desorden interno. A condición de ponernos de acuerdo sobre la palabra «desorden»: todo lo que se percibe como una nota falsa (desafinada). Y, al igual que en la música, hay dos clases de notas desafinadas: las cometidas por malos músicos y las cometidas por músicos innovadores. Quiero decir que el «desorden» en la vestimenta es, según los casos, un signo positivo o un signo negativo.

¿Cómo distinguirlos? Dependiendo de si, ante la nota desafinada, sentimos envidia o malestar. Es un criterio subjetivo, pero que tiene la virtud de ser claro.

Signos positivos: la joven «locomotora», siempre una temporada adelantada a la moda (aprecia mucho su «originalidad»); el hombre triunfador, vestido de modo «informal» cómodo, como (y esto impresionó mucho a la opinión pública) el ex presidente Giscard, en jersey de lana (esto es un signo de seguridad en sí mismo); colores un poco demasiado vivos (personalidad esténica); el hábito de... no tener hábitos en materia de vestimenta, el deseo de sorprender permanentemente a los demás en cada nueva entrevista (es una forma de imponerse).

Signos negativos: no estar adaptado a la situación, por ejemplo, demasiado vestido en una recepción informal (falta de sensibilidad y de empatía); una extravagancia muy acentuada (desequilibrio mental); un retraso demasiado grande sobre la moda (inhibiciones morbosas); ropas mal cuidadas y malolientes (éstos son signos de autodestrucción y, en casos extremos, de un estado mental «suicida»).

Quién es el otro, de la cabeza a los pies

Pero, a primera vista, puede haber dudas sobre la vestimenta de la persona con la que nos reunimos y podemos tener problemas para identificar los signos de norma social o los signos de alarma individuales. Entonces, en vez de hacer un examen global, siempre es posible interesarse por una u otra parte de la indumentaria y encontrar en ella los significados buscados.

Tocado: soltura o rigidez

En el tocado (peinado o sombrero) se puede ver la soltura o la rigidez de la persona: una mujer con un moño impecable es profundamente diferente de otra peinada en un estilo «suelto», Jane Birkin o María Schneider.

Objeción: la misma mujer puede peinarse tanto de una manera como de la otra. En ese caso, si la conocemos, es que tiene deseo de sorprender (rasgo significativo de su personalidad). Si no, es que, para ese momento, ha escogido tener esa apariencia concreta. Existen excepciones, y más adelante veremos la forma en que se puede distinguir si alguien interpreta o no su verdadero papel.

Maquillaje: de acuerdo o no con la morfopsicología

El maquillaje, por su parte, puede estar de acuerdo o no con la morfopsicología del rostro: esto es cierto para las mujeres que se pintan un segundo rostro sobre el primero; a veces, de forma armónica y concordante, y otras no. Esto es también cierto para los hombres, que intentan modificar las proporciones de su rostro mediante la barba y los bigotes. Si la discordancia es demasiado evidente o si el camuflaje está mal hecho, es probable que la persona tenga poca confianza y no esté muy satisfecha consigo misma.

Las joyas: el valor añadido

No hay que olvidarse de las joyas. Yo creo que hay que planteárselo en términos de joyas igual a riqueza. Todos los datos históricos o etnológicos lo confirman. Existen, por ejemplo, ciertas etnias en las que las jóvenes casaderas llevan sobre sí, en forma de joyas, todas las riquezas de sus familias (para valorizarse, ¡como es natural!). En cuanto a los gángsters de la «gran» época de Chicago, rivalizaban en el grosor del diamante que llevaban en el meñique...

Actualmente, en nuestra época de democracia, de desigualdades sociales y de países subdesarrollados, es muy raro que, fuera de acontecimientos muy particulares (grandes veladas de la alta sociedad, eventualmente), se exhiban joyas de valor; cuando esto sucede se trata de ostentación, ¿pero qué puede esto significar? Puede ser una forma de «valor añadido»: la persona vive fuera de sí misma, protegida por ese brillante caparazón, pero, en realidad, está ocultando algo: frustraciones, envidias, la necesidad de consideración... La mayoría de las veces este «valor añadido» es bisutería: su única función es estética, salvo si el oropel es excesivo, si la cosa brilla, hace ruido, se mueve; en ese caso es seguramente una prueba de inmadurez, de puerilidad. Los «hippies», que exhiben esto como uno de sus signos distintivos, claman claramente por el retorno a la infancia.

La vestimenta principal y los demás detalles

La vestimenta principal es por la que se define, como hemos visto anteriormente, el «hábito». Pero también se la puede considerar como un detalle y ver si concuerda o no con los demás detalles; cuando ésta es muy digna, muy vistosa, muy «elegante», y el resto está claramente descuidado, es que la persona es más bien frágil, débil, depresiva, con esporádicos arranques en los que se ocupa de sí misma. En cambio, cuando la vestimenta principal es neutra, triste o incluso descuidada, pero el tocado, rostro, calzado son «impecables», da la impresión de que existe como una especie de divorcio de la persona con su propio cuerpo: se procura ocultarlo o borrarlo lo más posible, y los valores «morales» (en el sentido estricto del término) son las más de las veces primordiales.

Los zapatos: comodidad para los dedos del pie y comodidad para la personalidad

Por lo que se refiere a los zapatos, ellos son los que condicionan los andares. Nos indican, por lo tanto, si uno se prohíbe o si se permite la soltura. Por ejemplo, un hecho muy significativo de la moda de estos últimos decenios, marcados por los movimientos de liberación de la mujer, es que ésta no consiga desembarazarse de los tacones altos: primero estaban los tacones de aguja; luego las enormes suelas compensadas (las «plataformas»), y todas las alturas y formas intermedias posibles. La elección individual siempre es, pues, posible y significativa. Llevar calzado alto es elegir un camino con obstáculos, materialización de una cierta actitud interior. Llevar calzado bajo es lo contrario. Para los hombres el problema es un poco distinto: pero tienen, sin embargo, la elección entre lo estrecho y lo holgado (estar constreñido o estar cómodo). Mirarle los pies a alguien, observar la forma en que va calzado, supone, pues, saber inmediatamente si, de una forma general, se siente cómodo o no en la vida.

Cuidado con los errores de interpretación

No obstante, ¡hay que tener cuidado! Intentar saber quién es el otro según su vestimenta puede dar lugar a errores bastante graves. Ya que, sobre ese asunto, se tienen a menudo ideas preconcebidas y es posible, entonces, interpretarlo todo al revés.

La longitud de los cabellos: de Sansón a los «cabezas rapadas»

He aquí dos ejemplos bastante espectaculares tomados de la evolución de la moda de estos últimos años.

Primero en lo que concierne a la longitud de los cabellos.

Hacia los años sesenta los jóvenes, que hasta entonces llevaban los cabellos muy cortos, «rapados», comenzaron a dejarse crecer el pelo: ahora bien, en aquella época la longitud de los cabellos era diferente según los sexos. De modo que los cabellos largos (o en todo caso más largos de lo «normal») se percibían como un signo de feminidad. Esta percepción es bastante sorprendente en la medida que nuestra tradición cultural no parece, en modo alguno, habernos preparado para semejante interpretación; en el momento de esta evolución capilar, Hollywood nos presentaba una nueva superproducción sobre Sansón y Dalila (¿y dónde residía la fuerza de Sansón?); jóvenes humanistas en ciernes seguían leyendo a Homero: en él se describe a Ulises con los cabellos cayendo sobre los hombros, lo que sedujo indudablemente a Nausica; los magistrados, en el mundo anglosajón, se tocaban con amplias y largas pelucas, simbolizando su todopoderosa autoridad viril, etcétera.

Luego, con el transcurso de los años, la longitud de los cabellos se convirtió en un signo viril común y ordinario. Poco después los que querían distinguirse de forma hiperviril o, en cualquier caso, presentar una imagen diferente de la virilidad se cortaron los cabellos: y vemos, por ejemplo, afeitarse la cabeza tanto a los budistas no violentos como a los «paracas» nostálgicos de violencia.

¿Existen ropas «unisex»?

Tenemos el ejemplo del pantalón. Se habla de él como de una prenda «unisex». Los nostálgicos de la moda de hace treinta o cuarenta años dicen que ya no es posible distinguir de espaldas a un chico de una chica. Reprochan indistintamente a los jóvenes de ambos sexos esta confusión, como si ésta fuera responsabilidad suya. También podría decirse perfectamente que, biológicamente, fisiológicamente, la naturaleza, en el sentido darwiniano del término, no ha tomado ninguna medida específica para distinguir los sexos de los jóvenes adultos vistos de espaldas; así se expresan, por regla general, los etólogos. Pero ¿quiere esto decir que los vaqueros significan para quien los lleva, él o ella, una confusión sexual? Si esto es así para nosotros, los occidentales, para las civilizaciones orientales llevar pantalón es, por el contrario, un signo de feminidad.

Es difícil juzgar por el aspecto

Las falsas interpretaciones, dado que son inmediatas, que sobrevienen como reflejos condicionados, pueden suscitar largas y tenaces incomprensiones.

El hombre de negocios considera al «hippy» abandonado, sin energía, de sexo ambiguo, inadaptado, etc. El «hippy» considera al hombre de negocios desprovisto de sentimientos, hipócrita, ávido, cruel, etc. Los signos que exhibe el uno son mal interpretados y mal traducidos por el otro. Si yo soy una mujer que no se maquilla, encuentro sospechosa de inmoralidad a la mujer que se maquilla; si soy una mujer que se maquilla, encuentro sospechosa de indiferencia sexual a la mujer que no se maquilla. Si soy un hombre que compra trajes caros, encuentro sospechoso de falta de dignidad al hombre que se viste con demasiada sencillez; si soy un hombre que se viste con sencillez, encuentro sospechoso de vanidad al hombre que compra trajes caros. Aquí radica la gran dificultad de juzgar a los demás por su aspecto, sobre todo cuando se' trata de hacerlo en los cinco primeros minutos.

A tal cuerpo, tal vestimenta

Anteriormente hemos visto que, en los casos en que ciertas características físicas son particularmente llamativas y reveladoras (talla, peso, energía muscular y vital), se obtiene un retrato robot psicológico inmediato de la persona en cuestión. Pero la experiencia demuestra también que, en esos casos, «a tal cuerpo, tal vestimenta» puede ser un índice suplementario muy útil.

Altos, gordos, extrovertidos: los avasalladores

Son más o menos descuidados, desordenados, desmañados. Sus ropas nunca están verdaderamente limpias. Los avasalladores olvidan regularmente verificar su vestimenta (botones, manchas, etc.). Y tienen la mala costumbre de prolongar excesivamente sus asuntos; es una forma de dejar huellas de su paso y de ampliar su espacio vital.

Altos, gordos, introvertidos: los aburridos

Son los «antivaqueros». Su clasicismo es muy estricto y su preferencia se decanta por los colores oscuros. Tanto los hombres como las mujeres dan la impresión de obligarse a llevar ropas estrictas (cuellos duros, tejidos ásperos, abrigos rígidos, zapatos estrechos, etc.). La comodidad en la indumentaria les es ajena.

Altos, delgados, extrovertidos: los triunfadores

Para ellos la elegancia es un valor social e individual. Les gustan las ropas más bien caras y favorecedoras. Siempre se visten del modo apropiado, en el lugar apropiado. Generalmente, se sienten deseos de tomarlos como modelo, aunque éste sea demasiado perfecto.

Altos, delgados, introvertidos: los aristócratas

Para ellos la vestimenta es una prolongación de su cuerpo, una segunda piel. Desean la comodidad personal, pero, al mismo tiempo, estar cómodamente enmascarados de cara a los demás. Generalmente, su vestimenta no se «ve». Ni excesos ni carencias en su peinado, calzado, etc. Su indumentaria les sienta muy bien (ni que decir tiene).

Pequeños, gordos, extrovertidos: los que apalean el aire

Tienen el sentido de la coquetería, pero de una coquetería rudimentaria: bolsillos de la chaqueta muy marcados, peinado demasiado elaborado, colores demasiado vivos, perfumes ligeramente fuertes, etc. Es una elegancia que quiere imponerse con agresividad; por lo tanto, una falta de elegancia.

Pequeños, gordos, introvertidos: los gruñones

Ellos (y ellas) siempre tienen calor. Los hombres se sueltan el botón del cuello, se recogen las mangas (al extremo, pueden quedarse en camiseta). Las mujeres necesitan aire, les gusta llevar los brazos desnudos. Su vestimenta demuestra a las claras que deberían explotar, pero no pueden hacerlo.

Pequeños, delgados, extrovertidos: los luchadores

Su elegancia es agresiva, pero con elegancia. Siempre espectacular: es imposible no fijarse en cómo van (ellos o ellas) vestidos, peinados, maquillados, etc. Mucha audacia, pero uno puede sentirse molesto por tener su atención pendiente de ellos.

Pequeños, delgados, introvertidos: los misteriosos

Cuando no se les conoce, nada destaca de ellos(as) a primera vista: su estilo puede ser de diferentes clases, de lo clásico a la originalidad admitida. Pero, cuando se les conoce, si se les ve intermitentemente, uno puede verse sorprendido por un cambio de estilo, por novedades inesperadas. Como si se hubieran equivocado en su panoplia de trajes. Y uno tiene la impresión de echar una mirada indiscreta sobre su terreno reservado.

Capítulo 2

¿Qué decir?

Cómo hablar

Si, en el coloquio, el otro debe ser para nosotros el personaje más importante, conviene preguntarse qué lenguaje debemos tener con él, qué vamos a decirle (el «discurso» propiamente dicho), así como la forma en que nos expresaremos (elocución y dicción).

Hablar para ser escuchado

Lo esencial es ser oído y comprendido. Hay, pues, que hablar, en primer lugar, bastante alto (pero no demasiado) y con bastante claridad (pero sin pedantería) para ser «recibido», según el término comúnmente utilizado en comunicación; a continuación, ponerse al nivel de comprensión del otro, para ser interpretado con exactitud. Toda la eficacia del «mensaje» depende de esas dos condiciones: ser audible e inteligible.

Es al principio de la conversación —desde el primer minuto— cuando el empeño por adaptarse debe ser mayor. El interlocutor, cualesquiera que sean las condiciones de la entrevista (usted en casa de él, él en la de usted, local público...), necesita adaptarse a usted, al sonido de su voz. A menudo, cogido de improviso, él se siente «secuestrado». Mientras usted ya está hablando, él todavía le mira con insistencia, examinándole, planteándose preguntas con respecto a usted. Si su personaje le interesa, se esforzará por ponerse en la misma longitud de onda. Pero, ¿lo conseguirá? Y, por otro lado, ¿está usted seguro de representar un interés para él?

Por lo tanto, si usted comienza sin preocuparse de ser «recibido», tiene muchas posibilidades de no serlo; hablará usted en el desierto, mientras que su interlocutor, si es educado, simulará un aire de atención, pero su mente estará muy lejos. Usted es quien debe adaptarse a él, adaptar sus palabras a su escucha.

Hablar para ser comprendido

Habrá, pues, que cuidar la elocución, articular, variar el tono. Respire, marque los silencios, pausas durante las cuales usted prepara con calma la continuación, y que permiten al otro recuperar si va atrasado. Su potencia vocal debe también variar. Bajar la voz fuerza a menudo la atención, o la recupera; alzarla, dentro de unos límites correctos, por supuesto, es la forma de reflejar la importancia del asunto, de mostrarse particularmente convincente. Pero no olvide nunca que la potencia de su voz debe adaptarse a las circunstancias: dentro o fuera, dimensiones de la sala, distancia entre ambos interlocutores, etc.

Evite farfullar, pero también declamar, escucharse hablar. Es ridículo y está pasado de moda. Cuidado con la elocución monótona: aburre y adormece rápidamente. Tenga más cuidado aún con la locuacidad: molesta, agota, crispa. Lejos de servir a sus propósitos, una dicción demasiado rápida, difícil de seguir, perjudica al mensaje y hace dudar de la calma, del dominio, del que se embala hasta perder el aliento.

Si duda de su elocución, puede consultar a sus allegados o, más discretamente, grabar sus palabras en un buen magnetófono y escuchar después la cinta, juzgándose, intentando autoevaluarse con toda objetividad como si fuera otra persona *.

Ataque con una voz firme y clara desde las primeras sílabas, pero evite los decrescendos de final de frase: a menudo, la palabra más importante es precisamente la última, ¡y el otro no la oirá!

Para mantener la escucha de su interlocutor hay que reactivar su vigilancia física; varíe el acento, puntúe las palabras importantes, acompase o ponga de relieve las principales partes de su exposición:

---

* De 150 a 160 palabras por minuto es una velocidad bastante ágil para un lector experimentado, 130 palabras por minuto sería una buena velocidad media para una conferencia o para la conversación.

¡Es i-rre-vo-ca-ble! Los gestos, los movimientos de la cabeza y del cuerpo complementan la palabra; no dude en utilizar de vez en cuando ese valioso refuerzo visual.

¡Olvídese del academicismo al hablar!

Usted puede también interpelar, plantear preguntas a las que añadirá, acto seguido, la respuesta: *En ese caso, ¿qué hay que hacer?... ¡Pues bien!, en ese caso, la única solución es...* La interjección *¡pues bien!* o la repetición de *en ese caso... en ese caso...* son igualmente, como vemos, procedimientos que animan y sostienen un uso de la palabra, haciéndola vivaz y espontánea.

La dicción vivaz es la que engancha y conserva la escucha del otro. Ahora bien, la espontaneidad es lo que crea el efecto de vida. Privilegiemos, pues, lo natural, dejémonos llevar, seamos nosotros mismos, con una condición, sin embargo: debemos dosificar nuestra familiaridad según la calidad del interlocutor.

El estilo concreto, que utiliza los hechos y no menciona a las personas o no sugiere las ideas más que a partir de los hechos, será siempre preferible. Para hacer que se comprenda una idea, ponga un ejemplo; si enuncia un principio, hable después de sus aplicaciones; para hacer que se capte una situación, para describir un fenómeno, apóyese en las cifras, en una serie de cifras si es posible, que, por comparación, harán que se perciba una relación; para emocionar, cuente una anécdota; el «episodio de la vida real», vivido, rara vez deja insensible.

Sea sincero: hay un tono de franqueza (un «sonido», nos atreveríamos a decir) que es inconfundible y da sus frutos. Finalmente, y por encima de todo, sea usted claro y sencillo. La complicación, la confusión, los «clichés», sobre todo en una época tan expeditiva como la nuestra, exasperan a casi todo el mundo. ¡Vaya al grano!

Palabras que van al grano

Para alcanzar un objetivo es preciso, evidentemente, tener uno. ¡Cuántas personas se lanzan a una conversación sin saber muy bien lo que quieren decir! El otro, mientras tanto, se pregunta: «¿Adónde quiere ir a parar?», y se impacienta. Esto todavía resulta admisible en las conversaciones mundanas o de esparcimiento, necesarias para toda vida social: se habla entonces «sin orden ni concierto». No obstante, incluso las conversaciones cotidianas y espontáneas merecen, al menos, un poco de reflexión. Por lo que se refiere a cualquier entrevista un poco seria, es absolutamente necesario estructurarla. Sepa claramente, en primer lugar, lo que quiere decir y cómo va a comenzar; divida su «discurso» en parcelas, en etapas; sobre todo, tenga ya reflexionada la forma en que espera terminar. Porque es la palabra final la que debe impresionar al otro, la palabra final es lo que él retendrá —y, a menudo, eso es todo lo que retendrá—. Guarde, pues, como norma general, lo importante para el final, pero que todas sus palabras preparen claramente estas conclusiones, que converjan hacia ese final.

Recuerde, no obstante, que ningún talento para la exposición logrará ocultar el pensamiento vacío, que ninguna proeza de dicción compensará la torpeza o el error. Hay que saber, pues, en primer lugar, qué decir y, particularmente, qué decir a cada uno en cada caso.

Con qué lenguaje

Las circunstancias tienen menos importancia que la situación en la que usted se encuentra con relación a su interlocutor (solicitado o solicitante, fuerte o débil, conductor o conducido, superior o subalterno, etc.). Esta situación, combinada con el carácter del otro, va a determinar la naturaleza de la relación que debe establecer con él, relación fundamental para todo el desarrollo posterior de su entrevista.

Cómo entablar la conversación

En los encuentros fortuitos y en las tentativas improvisadas en dirección a personas conocidas o desconocidas, la serie inagotable de trivialidades al uso servirán perfectamente para la ocasión. A falta de originalidad, la aceptación universal de su empleo ritual, sin significación intrínseca, hace que sean siempre muy prácticas; la temperatura (¡qué calor hace hoy!, ¿eh?), la calidad del servicio (no se dan mucha prisa, ¿verdad?), las carencias de la administración (¡qué esperarán para...!), tomar por testigo al otro de los errores o defectos de terceros (¿ha visto usted que...?), la hipótesis sobre el destino de un viaje (¿va usted hasta Barcelona...?), sin olvidar la clásica pregunta sobre los eventuales inconvenientes de la tabacomanía (¿le molesta el humo?), siguen siendo formas insustituibles de entrar en materia. Para apreciar el alcance real de la respuesta se prestará menos atención a su contenido verbal (sí, pero la brisa es fresca, o: no, sólo hasta Zaragoza)... que al tono del interpelado y, sobre todo, a la expresión de su rostro. Sólo los ciegos o los telefonistas experimentados saben juzgar correctamente a partir únicamente del sonido de la voz. La visión del otro, el juego de su fisonomía le aportarán a usted más información: una mirada puede ser una incitación a proseguir; una «cierta» sonrisa puede ser tan clara como un desaire.

Para las entrevistas preparadas, citas de negocios o de otro tipo, audiencias, se evitarán, en cambio, las trivialidades habituales. Una breve frase amable por ambas partes será suficiente para completar las palabras de saludo o de presentación que la situación requiera. Si es usted el que ha solicitado la entrevista, acuérdese de agradecérselo a la persona que le reciba; es un detalle de buena educación el hacerlo. Pero, salvo favor extraordinario, no exagere la humildad de la fórmula; la adulación nunca es rentable y, además, ¿qué fuerza le quedará después si se minimiza usted excesivamente de entrada?

Las personas que se reúnen frecuentemente por asuntos de negocios irán directamente al grano, tras una fórmula de cortesía sobre sus respectivos estados de salud. Pero, cuidado: si alguien le dice: «¿Qué tal está usted?», es con el claro deseo de oír como respuesta: «Muy bien, gracias, ¿y usted?» Sería realmente torpe y bien poco espabilada la persona que, cogiendo la pelota al vuelo, aprovechara la ocasión para extenderse complacientemente sobre sus males internos o los de algún allegado. Sea discreto, corra un velo sobre sus pequeños infortunios, que sólo es de buen tono dar a conocer (¡y aun así!) en el círculo de la estricta intimidad.

En la práctica, una entrevista comenzará, casi siempre, exponiendo en nombre de quién o de qué, a título de qué, se presenta uno en el asunto. A continuación se describirán rápida y claramente los pormenores de éste. Si son necesarios detalles, se consignarán en una nota escrita o en un dosier que se entregará como apoyo. Se concluirá con un resumen muy claro.

Cómo hacer una buena entrada

Como el actor que entra en escena, usted puede, a las puertas de una entrevista, tener éxito o malograr su entrada. Siempre será difícil superar este primer obstáculo. Deje su abrigo o gabardina en el guardarropa: no se entra en un despacho con abrigo, menos aún en un salón. ¡Nada de «equipaje» tampoco! Si necesita una cartera o un maletín, que sea pequeño y que no contenga más que lo necesario para esa entrevista. Los hombres de negocios tienen a menudo uno grande, repleto de documentos, y otro pequeño en el que introducen lo estrictamente necesario para cada visita. Así evitará pérdidas de tiempo y confusiones durante la entrevista.

Algunas personas, con su aire tranquilo y fisonomía sonriente, ya tienen ganada la mitad de la partida desde su entrada en un despacho; es porque, con su actitud, inspiran una confianza y un optimismo que reconfortan a su interlocutor: se les acoge, se desearía seguirles, parecerse a ellos, tal vez. Y, en cualquier caso, les será fácil persuadir.

Como ellos, hay que saber interpretar el papel bueno. Un vendedor, por ejemplo, se esfuerza por aparecer como un consejero o, incluso, como un embajador de su firma, nunca como un solicitador: ¡de lo que se está tratando en la venta es del interés *del cliente*!

No dude en crearse un «tipo». No necesariamente mejor que el de los demás, sino *diferente*. Lo peor es pasar inadvertido (la persona en la que nadie se ha fijado, de la que nadie se acuerda...). La estatura, el aspecto, el porte, la vestimenta o un detalle en la indumentaria pueden crear un personaje. Pero todo esto no es más que el envoltorio. Lo importante es el comportamiento, que se percibe, que se valora, al que se es sensible: franqueza, sencillez, tono directo, pero también exactitud, competencia, cortesía, claridad en la exposición.

Caballeros, ¡disparen ustedes primero!

La mayoría de las veces, le será a usted conveniente comenzar la entrevista con una esquiva. No descubra su juego de entrada. Deje, por el contrario, que el otro gaste sus cartuchos, que se descubra. Para negociar es fundamental conocer un poco al otro, su carácter, sobre todo, sus motivaciones profundas, reales. Hágale hablar y no dude, si él se para, en animarle a continuar. Que su atención se refleje, en ese momento, mediante una mirada sostenida en el rostro del otro. Inclínese ligeramente hacia él, mueva la cabeza, adopte un aire interesado, aprobador, conmovido o cautivado. Pero no aparte la mirada de sus ojos. Nada incita tanto a proseguir la exposición, a entregarse a las confidencias, como un interés así mantenido y claramente manifestado. Cuanto mejor conozca al hombre, mejor podrá usted hablarle.

Haga que el tímido hable

Puede ocurrir que sea usted el que recibe a un visitante, visiblemente muy intimidado, tanto más «despavorido» cuanto que él se sabe y se siente tímido. Recuerde entonces dos cosas para animar a su interlocutor: el miedo proviene sobre todo de lo desconocido, de la novedad; la timidez tiene su origen, casi siempre, en un sentimiento más o menos consciente de inferioridad, a menudo injustificado. Usted deberá, pues, descubrirse, quitarse la máscara y, al mismo tiempo, revalorizar al otro ante él mismo.

No bastará con que usted se dé brevemente a conocer: será preciso hacerlo de forma tranquilizadora, evitando todo paternalismo, actuando, precisamente, de manera que no se advierta que está intentando tranquilizarle. Haga algunas revelaciones sobre usted mismo que susciten el interés o la simpatía y den confianza a su interlocutor; por último, intente encontrar puntos comunes con su tímido. Si a él le gusta la pesca, el motorismo o es un enamorado de la vela, su rigidez no se resistirá ante el descubrimiento de que usted profesa afición por uno de esos deportes. Aprovechando la relajación así creada, usted dejará que la conversación discurra unos instantes por ese terreno, fácil y concreto; después usted intentará hacerle ganar confianza, es decir, ayudarle a darse a valer (ante usted, pero sobre todo ante sí mismo, puesto que él duda de sí mismo). Hay dos formas de hacerle ver a una persona que es fuerte: pedirle ayuda o hacerle hablar de un tema que domine. La seducción femenina, instintivamente, utiliza con toda facilidad estas peticiones de ayuda que halagan al hombre en su fuerza o en su habilidad. Qué camionero se resiste ante la joven dependienta que le pide: «¿Podría usted subirme esta caja a la estantería?»

El rasgo de ingenio está en pedir consejo. El campo es infinito. Su imaginación, su tacto, encontrarán fácilmente el tema en el que pueda lucirse el tímido. Así afirmado, puede que hable hasta por los codos, y —¿quién sabe?— quizá le sirva a usted efectivamente de ayuda.

Cómo animar a un interlocutor indeciso

La indecisión puede ser accidental o profunda. Su interlocutor ha sido molestado; distraído, ha «perdido el hilo», está buscando las palabras. O, por el contrario, se detiene ante esta barrera de duda o de emoción que sube de lo más hondo de su ser para cortar la emisión. En el primer caso una cortés espera de unos instantes puede darle una oportunidad. Si no arranca, usted puede ayudarle recordándole tranquilamente sus últimas palabras: «Decía usted que... y que...» O, mejor aún: «Hablábamos de... estábamos en...» Utilizar el plural, compartiendo ese pequeño espacio vacío, demuestra una indulgencia que el otro sabrá agradecerle.

Pero, si se trata de una barrera psicológica, es necesaria una inmensa delicadeza para procurar adivinar lo que perturba al interlocutor. Puede que se haya enredado en una mentira, en una metedura de pata insostenible..., y siente que está a punto de «cortarse»: se ruboriza, su mirada huye, su respiración se acelera, es un culpable que desearía escaparse... ¡Sea caritativo! Cambie rápidamente de tema y permítale salvar el tipo. O también puede ocurrir que sea un atolondrado, un torpe pero escrupuloso; siente que se ha metido por un camino resbaladizo, ve venir la pifia y se va azorando interiormente, se lía y le lanza a usted una mirada desesperada. Vea si puede clarificar la situación mediante una explicación que, sin molestar a nadie, sea la mejor solución. Alguien le pide noticias sobre una vieja tía suya y, repentinamente, recuerda que existen desavenencias entre ustedes, por una de esas estúpidas historias que, mezclando intereses y sentimientos, siempre están dividiendo a las familias. Responda claramente y con una sonrisa: «¡Sí, hombre!, por supuesto que puede pedirme noticias de mi tía. *Me han dicho* que está muy bien. Estaría encantada de oírle y le agradezco que se acuerde de ella.»

Pero, si es la emoción lo que ha paralizado a su interlocutor, tome precauciones. No le interrogue, no haga ninguna valoración sobre lo que acaba de decir, no le apremie. Imagínese, por ejemplo, a un empleado que escucha a un candidato recitar su currículum: «A los quince años y medio dejé el colegio...» y se calla.

«¿Ah, sí? ¿*Por qué* dejó usted el colegio?», es una pregunta que muchos plantearían. O también: «¿Tanto le aburría a usted ir al colegio?», es una familiaridad que se les puede ocurrir a muchos. Y si el joven le responde: «A los quince años y medio perdí a mi padre y tuve que ayudar a mi madre...», sentirá usted la turbación de estar ante un adulto y de haberse conducido como un niño.

Lo más apropiado es esperar un instante y reformular, en un tono neutro, las últimas palabras del indeciso: «Eso es; a los quince años usted dejó el colegio...», sin manifestar en su tono de voz ni expectación ni interrogación, dejando morir la última sílaba, un poco como indica la escritura de una frase inconclusa mediante los puntos suspensivos. Si esto no surte efecto, cambie entonces de tema. En nuestro ejemplo, el empleador podría romper el silencio, diciendo: «Generalmente, todos guardamos un recuerdo muy preciso de nuestros comienzos profesionales. ¿Quiere que hablemos de los suyos?» Entonces, muy probablemente, el joven dejará a un lado sus penosos recuerdos y contará sus primeros pasos profesionales sin ninguna dificultad.

Recuerde que las relaciones humanas requieren prudencia en el lenguaje. Ante la indecisión, intente tener la intuición del corazón para no apenar inútilmente a los demás... y no sentir el molesto arrepentimiento.

Cómo abordar una explicación embarazosa

Lo más fácil, aparentemente, es ser cobarde. Dejarlo para más adelante. Dejar que se pudra la situación. Por desgracia, estas cobardías rara vez son eficaces. Esperar no hará que la comunicación resulte más fácil. Lo importante es saber arreglárselas, escoger el momento oportuno.

He aquí, por ejemplo, a un joven ejecutivo, contratado en categoría de debutante para desempeñar «muy próximamente» una función precisa. Pasan los meses y, bajo pretexto de que ha de ponerse al corriente, la asunción efectiva del puesto se ve siempre pospuesta. Puede elegir entre aprovechar un momento de contacto con su jefe, cuando el ambiente sea favorable, para aclarar la situación o, en su defecto, solicitar una entrevista en un momento propicio, por la mañana antes de la llegada de la correspondencia, por ejemplo. Evitará sobre todo amenazar con marcharse, pero anunciará tranquilamente: «Creo que, honradamente, debo comunicarle mi profunda insatisfacción ante las promesas incumplidas... pese a que me encuentro a gusto aquí, junto a *usted* y a mis compañeros.» Una frase amable al final acentúa la seriedad de la exposición, la sitúa en su verdadero plano y evita que el superior se irrite; pero este último queda implícitamente advertido de que, si encuentra algo mejor, se marchará.

Si, por el contrario, es un jefe el que siente la necesidad de hacer un reproche a su secretaria, de la que, por otro lado, él comprueba que va progresando día a día, también puede proceder por dosificación, no por miedo a afirmarse, sino por un simple deseo de eficacia.

El arte del reproche

Gisela tiene veintidós años. Secretaria desde hace cuatro años, ha entrado hace seis meses en esta empresa porque le pagaban más, tenía un autobús directo y, sobre todo, porque el trabajo —más cerca del jefe— le satisfacía mucho más. Nota que están bastante contentos con ella y que tiene posibilidades de progresar. Pero, desde hace algún tiempo, sale casi todas las noches con un chico y, ahora, se retrasa por las mañanas varias veces por semana.

Una tarde, después de las 18 horas, el jefe está firmando la correspondencia, en silencio. Todo el mundo parece haber salido ya. Pero no, porque a las 18 1/4 Gisela, la última en salir ese día, aparece con su portafirmas. Una pluma firme y segura rubrica las cartas pendientes, verifica la suma de una cuenta, corrige la ortografía del nombre de un cliente y, luego, se entretiene con la lectura de una larga e importante carta. Nada que decir; todo es correcto, la pluma firma. «Se ha puesto usted rápidamente al corriente, señorita, mecanografía, formato, ortografía, todo es correcto. Va a llegar a ser una secretaria casi perfecta (un silencio... una mirada...), *sobre todo si vuelve usted a ser puntual.*» En la euforia del cumplido Gisela es sorprendida a contrapié. Una sonrisa del jefe suaviza la observación, pero ésta no puede ser ignorada.

Gisela no puede replicar ni sentirse inútilmente molesta, ya que la observación está justificada, realizada sin testigos, y después de un cumplido cuya importancia es bastante mayor. He aquí el secreto para «hacer llegar» la comunicación difícil; hay que formularla de manera que —sin minimizar la firmeza— sea compensada por otras palabras que la acompañen y le quiten al destinatario cualquier pretexto, cualquier apoyo para una respuesta e, incluso, las ganas de responder.

A menudo, es práctico, aunque un poco perverso, responder a una pregunta con otra pregunta. La siguiente historia ilustra bien este principio.

El arte de la respuesta ambigua

Un jesuita y un dominico mantenían una controversia. De repente el dominico se queja al jesuita: «Lo más molesto con ustedes, los jesuitas, es que, a menudo, cuando se les pregunta, responden con otra pregunta...» El jesuita reflexiona un (breve) instante y responde en un tono suave: «¿Por qué no...?»

En primer lugar, la mitad de las personas no insistirán más y no osarán responder acosándole a usted con la reiteración de su pregunta, ya sea por cortesía, por debilidad o por timidez (los psicólogos dirían «por miedo»). Pero queda la otra mitad, ¡por supuesto! Pero una fórmula válida al menos una de cada dos veces es ya bastante apreciable. Y, en cualquier caso, usted habrá resistido, ganado tiempo. Así pues, si le dicen: «¿Cuál es su precio...?», aventure siempre: «¿En *su* opinión (insista en el *su*), cuánto cree que vale...?»

Suscite el interés y el deseo

Muchas personas encuentran dificultades para interesar a los demás por lo que ellas proponen. Esto se debe sin duda a la creencia un poco ingenua de que, tan pronto como la exponga, la idea que le parece, *a usted,* excelente va a captar por sí misma la atención entusiasta de su interlocutor. Pero el mejor camino hacia la mente del prójimo no pasa necesariamente por los argumentos racionales, lógicos. Hay que encontrar el modo de que la idea le agrade.

Ahora bien, ¿por qué se interesa principalmente cada uno aquí abajo sino por sí mismo? ¡Háblele, pues, de él mismo! Ésta es una regla eficaz y absoluta, infinidad de veces comprobada. Háblele de *su* problema, de *sus* negocios, de *su* familia, de *su* tipo de vida, de *su* carácter, pues esto es para él un tema de preocupación constante e inagotable. Recuerde que todo interlocutor se considera como un *caso* particular —de hecho, como el *único* caso verdadero—. Cualquier cosa que tenga usted que proponerle, que sugerirle, comience por hablarle al otro de él mismo e intente encontrar después una relación entre él y el objeto de su misión. Antes de pedir la colaboración de alguien para una colecta, háblele de su generosidad, cite casos reales en los que su solidaridad, su caridad, se han puesto de manifiesto. Deslice después, pero sólo después, su petición, insistiendo sobre todo en las razones que predisponen a esa persona entre las demás para un gesto positivo. En una palabra, dé paso a lo subjetivo antes que a lo objetivo. Cuando arda en deseos de alabar de entrada la causa a la que hay que ayudar, la obra que se debe apoyar, haga justamente lo contrario; consiga poner primeramente al otro en situación de donante...

Recuerde también que las motivaciones de cada uno son misteriosas; vienen de lo más profundo de nuestra naturaleza, y responden con frecuencia a motivaciones más o menos conscientes. Por consiguiente, conviene no proponerle brutalmente al otro la cosa en sí misma, sino la idea que él se hace de la cosa. Por eso es tan importante comenzar por hacer que el otro se exprese. Toda su argumentación, que debe cambiar, para cada interlocutor, dependerá justamente del panorama interno de la persona a la que usted quiere convencer.

Su interlocutor, de hecho, no se verá motivado por el conjunto de los argumentos expuestos, sino, generalmente, por uno solo, y reaccionará al que responda exactamente a su disponibilidad interior o a su preocupación del momento. Al principio de una entrevista no es, pues, necesario decirlo todo, pues lo mejor es a menudo el enemigo de lo correcto. En cuanto sienta usted que se despierta el interés o el deseo del otro, incida sobre el argumento que se ha demostrado eficaz sobre el punto sensible, y no intente ya tirar de otros hilos. Por último, no olvide ser, para los que le escuchan, inductor de sueños o «vendedor de esperanza»; esta última expresión es de Napoleón, que sabía conducir a los hombres. Observe cómo la publicidad sabe, a través de los objetos que elogia y pregona, hacerle a usted imaginar los servicios que pueden prestar, las alegrías que proporcionan a sus compradores.

ALGUNOS TRUCOS

Algunos interlocutores son gruñones, coléricos o, simplemente, parlanchines. Otros protestan, huyen el diálogo o intentan confundirle. ¿Cómo desactivar a estos latosos? Usted mismo puede embarullarse con las manos, vacilar en su elocución o incluso quedarse bloqueado. ¿Cómo dominar estos inconvenientes? Algunos trucos pueden ayudarle a lograrlo.

Para desarmar al gruñón

Hay personas, vecinos, amigos, clientes, familiares incluso, a quienes se teme y de quienes se huye: siempre están de mal humor. Sin embargo, a veces tiene usted que abordar a este tipo de personas. ¿Ha pensado, antes de clasificarlos definitivamente entre las personas desagradables a las que hay que sufrir con resignación, que su actitud es frecuentemente un disfraz, el de su sufrimiento y su decepción? El gruñón es generalmente un desdichado, un insatisfecho.

Busque, pues, en primer lugar cuál es la china metida en su zapato que crispa de ese modo su rostro. ¿De qué sufre, de qué se queja, qué es lo que le falta? A continuación recuerde que toda persona le es superior en algo, y que su contacto puede instruirle y hacerle bien. Busque lo que haya de mejor en él. ¿Y si justamente su gruñón sufría por ser un solitario y un incomprendido? Ármese de paciencia en vez de protegerse contra él, abórdele con una sonrisa, que toda su actitud demuestre que está usted dispuesto a escucharle. Existen muchas probabilidades de que, una vez pasada su sorpresa, él se sienta conmovido, favorablemente afectado. ¿Quién sabe? Tal vez afrontando su apariencia hostil sin preocuparse por ella descubra usted en ese salvaje riquezas insospechadas.

Para interrumpir al parlanchín

Se encuentra usted en una reunión de trabajo y tiene algo importante que decir. Ahora bien, desde que usted llegó un parlanchín monopoliza la atención, le está robando su turno de intervención y el tiempo de que dispone para hablar. ¿Cómo intervenir?

Puede usted tener la suerte de que un presidente avisado corte claramente al latoso para darle a usted paso cuando le corresponda. En su defecto, sólo hay una manera de entrar en el juego: esperar a que el parlanchín respire. Cualquiera que sea su «fuelle», su capacidad pulmonar, tendrá que recuperar el aliento. Ése es el momento para que usted se lance a la conversación y coja la ocasión al vuelo colocando la frase preparada. Pero él puede interrumpirle a usted nuevamente para intentar proseguir. Una vez tomada la palabra, su única posibilidad de conservarla es retomar de entrada, aprobándolas casi palabra por palabra, las últimas declaraciones de su parlanchín. Ya que, para un hombre, existe una canción de encanto incomparable y jamás atenuado: es el sonido de sus propias palabras repetidas por los demás, es la resonancia de sus ideas expresadas de nuevo por otra persona. Entonces se calla y se escucha a través del otro. Ésta es la única manera de hacer que se calle y la que, lejos de contrariarle, le dejará encantado. Con un hábil cambio, tras esta concesión a la eficacia, usted pasará a continuación a las intenciones iniciales de su exposición.

Para ablandar a un cliente encolerizado

He aquí que un visitante, usuario, administrado o cliente, se precipita hacia su despacho, alza el tono de su voz, alega un retraso («desde el tiempo que hace que...»), un rechazo («inadmisible») o un error («¡es inconcebible!). Esgrime sus papeles, toma al público por testigo, en resumidas cuentas, arma un escándalo. Sin duda, existe un motivo preciso para su cólera. Puede ser, incluso, que su protesta esté justificada. Pero ¿de dónde proviene la desproporción entre la causa y el efecto? El personal, irritado, no está dispuesto a darle satisfacción, encontrando el procedimiento injusto y excesivo. Esto es clásico: la situación está bloqueada. Ahora bien, usted puede resolverla fácilmente suprimiendo la causa.

Si el mismo inconveniente se le hubiese presentado a otra persona, éste hubiera dado lugar probablemente a un recurso amable y educado. Aquí la reacción es muy violenta porque, con razón o sin ella, la sensibilidad de esta persona en particular ha sido afectada. Se ha sentido, por ejemplo, minimizada, no respetada y no tenida en consideración; hay que ser fuerte para no dar importancia a las pequeñas ofensas. En cambio, los pequeños, los tímidos, todos los que dudan de sí mismos y de su importancia, se sentirán ofendidos por todo lo que contraríe su pretensión, el sentimiento de su dignidad. Objetivamente, el perjuicio sufrido es pequeño y reparable, pero, subjetivamente, la persona en cuestión le atribuye un significado ofensivo, un carácter de falta grave a sus derechos, más morales que materiales, y su defensa, como siempre en semejantes casos, se hace agresiva.

Usted debe intervenir: hágale pasar a su despacho, ofrézcale un trato especial, un recibimiento privilegiado, que le distinga. Nada ha sido hecho aún sobre el plano material, pero, moralmente, él siente que se le presta atención, que se le escucha, se siente tenido en consideración: es lo que le faltaba. Todavía protesta, pero es por el impulso; la irritación decrece. Ahora, hágale sentarse, pues es evidente que sentado no se puede gritar tanto como de pie. Nuevas atenciones, nueva onda de satisfacción, calmante; el apaciguamiento está en camino. Hágale hablar, escúchele: él siente que, al fin, le toman en serio. Tome un bolígrafo y anote sus alegaciones; al instante, él pone más cuidado y procura no acusar más que a ciencia cierta.

Por último, inclínese hacia él para escucharle más de cerca. Sería una grosería gritarle a usted a la oreja. El tono decrece y el pulso se normaliza. Tranquilamente, sin rebajarse, sin haber concedido nada, usted ya ha conseguido desactivarle.

Ya no le quedará más que transformarle y convertirle en un satisfecho: no se sacuda la responsabilidad sobre terceros, la dirección, el ordenador (!) o, más cobardemente, los subalternos. Si ha habido una falta, reconozca los hechos, asuma valientemente la culpa: uno se engrandece reconociendo sus errores. Apele luego a su inteligencia, no a su indulgencia, pues esto le rebajaría a usted. De esta forma, es a él a quien usted va a engrandecer, explicándole las razones del error, las dificultades del departamento. Después de esto, se levantará y confiará en usted en el futuro. Ni siquiera esperará a que su reparación esté realizada para sentirse satisfecho. Se sintió menospreciado, desatendido; usted le ha escuchado, informado. Ahora existe, se marcha contento y alabará sus méritos siempre que tenga ocasión.

Para responder al discrepante

Cuando establece un diálogo, usted no puede pretender tener siempre enfrente a interlocutores pasivos o favorables. Oponentes y discrepantes existen y hay que reconocerlos. Una primera regla es prestarles atención: usted les suprimirá así el pretexto para la violencia. Comenzando por dejar hablar al adversario, evitará el peor de los rencores, el del discurso reprimido.

Muchos habladores son veleidosos. Cuando hablan, sus intenciones de acción se debilitan, como si expresarse equivaliera para ellos a dar vida a las ideas. Bergson escribió: «La palabra es acción.» Para algunos, es su sustituto, la coartada. Rara vez se pierde algo por dejar hablar al otro, ya que, al precisar su desacuerdo, está marcando también los límites y, desvelando sus fallos, le facilita a usted la respuesta.

Una vez escuchado, el oponente debe ser contradicho. No tema las repeticiones, «la única forma de la elocuencia», decía Napoleón. Reiterar es afirmarse, es, a menudo, aplastar al otro bajo el alud. Ante cualquier contradicción, hay que mantenerse firme, imperturbable o elevando el tono, pero nunca flaquear. Todo punto marcado hay que asestarlo, y, a veces, rematarlo. La controversia es un combate en el que hay que atreverse a ser cruel, pues los medios efectos son, a los ojos del público, cuartos de derrota.

En cuanto al opositor mudo dentro de un grupo, que sólo le critica con su mímica (sonrisas, miradas, movimientos de hombros), hay que afrontarle obligándole a expresarse. Sus críticas, aun válidas, tendrán menos efecto sobre el auditorio que su silenciosa maniobra.

Para hacer hablar al silencioso

Ya se trate de un «personaje» silencioso al que rendimos visita o de un cliente ante el que hacemos gestiones, en ocasiones uno se topa con esta vieja astucia del silencio sistemático. Le conceden a usted la audiencia, le hacen sentarse y, con un gélido «le escucho», le ponen entre la espada y la pared. Valerosamente, usted se lanza al ruedo, expone su caso... Pero usted desearía comprobar el efecto producido; busca con la mirada una señal que le dé ánimos. Sólo le responde un frío silencio; dos ojos le miran con indiferencia o severidad: hay que continuar. ¡Esto puede ser una tortura!

Esta actitud se encuentra frecuentemente entre algunos clientes. Habituado a las entrevistas de venta, fortificado en la tranquila seguridad del señor al que se adula, se corteja, el cliente le deja a usted «venir», imperturbable. Parece como si enviara usted pelotas a un jugador que nunca las devuelve. La elocuencia entonces se va ahogando, los argumentos parecen caer en saco roto. Usted comienza a turbarse, no sólo por la idea del fracaso, sino por la irritación de no saber a qué puede deberse. Usted buscaba un hombre, porque a un hombre se le conquista, y sólo ha encontrado un robot, un figurante, una maqueta o alguien que finge serlo.

En cuanto usted adivine esta táctica del silencio sistemático en su interlocutor, tiene que hacerle salir de ella. Dos medios pueden servir para lograrlo. O bien se para usted en seco y, siempre sonriente, fija su mirada en la de su interlocutor, jurándose no volver a tomar la palabra antes que él. Mas pocas personas tienen la fuerza de resistir a esta prueba; sea porque se siente incómodo, oprimido por esta ola de malestar, o incluso empujado por simple cortesía, el otro se decidirá finalmente a abrir la boca, a entrar en el juego del diálogo para participar en él. El otro medio consiste simplemente en interrogar al interlocutor, en obligarle a hablar planteándole preguntas test: «espero estar explicándome bien», «¿me sigue usted?», son preguntas a las que, salvo descortesía deliberada, su interlocutor no podrá evitar responder, siquiera brevemente. Pero, si desea usted hacerle tomar partido, que exponga él también su opinión, hay que pasar a preguntas más concretas: «llegado este punto, ¿puedo preguntarle su impresión del problema...?» O cualquier otra fórmula por el estilo. Si hace usted que a estas preguntas les siga un silencio absoluto, su interlocutor no podrá librarse de tomar la palabra y el diálogo quedará establecido.

Para evitar los tics del lenguaje

Tal vez usted sienta con frecuencia cierto malestar cuando debe abordar a alguien y su lenguaje lo acuse, sea usted consciente de ello o no. Ahora bien, nada hay tan molesto como un interlocutor que subraya cada titubeo con un «¡eh...!, ¡eh...!», que repite cien veces «¿no cree?» o «si le parece...», incisos que oscurecen el sentido de su intervención al cortar el desarrollo y que dan una impresión un poco pueril. Es inútil que se centre usted sobre la palabra o la coletilla en cuestión para intentar evitarla cuando la sienta llegar. Sólo conseguiría aumentar el nerviosismo que esos tics ponen al descubierto y que es precisamente lo que se trata de dominar. El remedio está en la respiración y en el mecanismo de preparación intelectual de las emisiones vocales. Reflexione sobre lo que va a decir, y no comience a expresarlo hasta que la frase esté claramente formada en su mente. Si necesita tiempo, ¡tómeselo!, respire, mire tranquilamente a su interlocutor, tome el tiempo necesario para preparar la continuación y para formularla tranquilamente en el tono apropiado. Usted tendrá así más autoridad, ya que, dominando su elocución, usted da precisamente pruebas de dominio.

Para servirse de las manos

Un chiste marsellés: Mario, a consecuencia de un grave accidente, corría el riesgo de amputación de ambas manos. «¿Cómo voy a hacer entonces para hablar?», exclamó. Si bien es cierto que una excesiva gesticulación revela una falta de buenos modales, un mínimo de gestos es necesario para apoyar cada frase: ciertos gestos de las manos, a veces de los brazos, son los únicos que pueden dar al lenguaje esa animación, esa vida, que hace al mensaje espontáneo y subraya su alcance.

Muy al contrario, al igual que muchos otros, usted siente sus manos como un estorbo, no sabe qué hacer con ellas y siente angustia de hablar en público porque tiene miedo a quedarse rígido, cargado con ese instrumento del que no sabe servirse: sus manos. Para utilizar bien las manos, no hay que pensar en ellas. La inmovilidad de las manos, que estén cruzadas en la espalda, sobre el vientre o el pecho, caídas inertes por ambos flancos o incluso crispadas, ocultas bajo los brazos cruzados, refleja el malestar, una actitud de rechazo, de huida. La lengua habla porque no tiene más remedio, pero la personalidad profunda, la que da origen al auténtico mensaje y debe dar vida a todo nuestro ser, se refugia en la fijeza por miedo a no encontrar el buen efecto, por miedo a descubrirse sin estar seguro de ser apreciado.

El remedio, una vez más, no es local, sino global. Déjese llevar, sea sencillo y confiado, hable primeramente de cosas fáciles, concretas, vividas. Entonces, en menos de un minuto, la espontaneidad inundará su espíritu, lo natural y la vida tomarán el mando y sus manos se animarán. Tímidamente, primero una mano, luego la otra... y, finalmente, las dos comenzarán a subrayar, mostrar, invitar, rechazar, etc. Si durante los primeros segundos sus manos le estorban demasiado, ocúpelas de manera asimétrica: una sujetando el puño de la chaqueta o cualquier objeto y la otra libre para moverse. Si toma usted la palabra en grupo, una de sus manos puede sostener una cartulina sobre la que habrá anotado un plan, cifras o citas; en resumen, un pequeño «memorándum de sesión».

Principio absoluto: si habla usted de pie, no apoye nunca sus manos sobre la mesa, pues envara la actitud y disminuye el impacto de la palabra.

Para vencer el nerviosismo

El nerviosismo, he ahí el enemigo de un lenguaje eficaz. No sólo en los casos de uso de la palabra en público (alocución, comité, informe, discurso), sino también en una entrevista normal: a mayor importancia de la reunión, mayor riesgo de que el nerviosismo le paralice.

Si la emoción le oprime la garganta, si su voz tiembla, deje de hablar, sonría (¡es extraordinario!), respire y muévase. Formule nuevamente algunas palabras, respire nuevamente, a fondo. Sobre todo no pronuncie largas frases, limítese a locuciones cortas, bien articuladas con una voz bastante fuerte y clara, cortadas por profundas respiraciones. Resista con todas sus fuerzas a la precipitación. Este esfuerzo de dominación tranquila de su elocución, oxigenando la sangre, calmará sus nervios y, captando su pensamiento, le librará a usted del nerviosismo desde el primer minuto. Recuérdelo bien: sonreír, respirar, moverse, y se sentirá en plena forma.

En cuanto al «agujero negro», al bache repentino del conversador o del orador que ha perdido el hilo, esto es producto generalmente de una especie de sobreimpresión: uno continúa hablando, formulando físicamente las palabras, mientras el pensamiento, distraído, está ausente. La inspiración falla de repente y, cuanto más se esfuerza uno por concentrarse, más se trastorna.

Usted puede intentar evitar de antemano estos «agujeros negros». Tenga a mano un «recordatorio», unas notas escritas que pueda consultar (en ese caso, téngalas a la vista, no flexione nunca el cuerpo para consultarlas). Esta salvaguarda puede permitirle recuperar el hilo, pasar a la idea siguiente. Evite también las digresiones, permanezca fiel a la intención inicial tal como la ha preparado.

No obstante, si el bache le detiene, dispone de dos medios para salir de él. El primero es bien simple: con una sonrisa feliz, consulte tranquilamente a su interlocutor: «A propósito, ¿por dónde iba...?» o también: «¿De dónde he partido para contarle esto...?» Y él le reconducirá al buen camino. También puede, asimismo, jugar con la repetición: vuelva unas frases hacia atrás, repitiéndolas, como para darles más fuerza, introduciéndolas con una pequeña observación como: «Sí, creo conveniente repetirlo...» o: «Sí, realmente estoy convencido...» Entonces, por el milagro de la asociación de ideas, el simple hecho de repetir lo que lógicamente habría debido llevarle a la continuación, que ahora no encuentra, esa continuación caprichosa resucitará y volverá a su mente. Y tal vez sin que nadie lo haya notado.

Consejos para brillar mejor a través del lenguaje

— *De entrada, prepare toda entrevista,* toda intervención oral. Se habla mejor de lo que se conoce, y reflexionar, aunque sólo·sea un instante, sobre la forma en que uno va a expresarse permite aventurarse después con confianza sobre un terreno menos extraño.

— *Hable siempre «a la medida»* de los interlocutores (que son, cada uno de ellos, un caso particular). Para adaptarse al otro, a sus capacidades, a sus expectativas, es necesaria siempre la imaginación y a menudo también un esfuerzo de simpatía.

— *Confiar en uno mismo.* Ser uno mismo, con sinceridad. Hablar como uno sabe, hablar, sobre todo, como uno siente, permaneciendo siempre natural.

Capítulo 3

¿Cómo adaptarse?

LOS PAPELES

Una entrevista es una acción. Algo ocurre entre dos o más personas. Ciertamente, la psicología, es decir, el análisis de los estados anímicos del otro durante el intercambio, y el lenguaje, es decir, el instrumento mismo del intercambio, sirven para hacer posible esta acción y para permitir su desarrollo. Pero todo lo que se hace es sentir y hablar durante los primeros minutos de cualquier contacto. Las espadas están en alto. Se levanta el telón. Y aparecen los «actores», los que actúan, en el sentido más preciso y exacto: yo, usted, nosotros. ¿Quién se reúne, por qué, dónde y cómo? Los primeros minutos de una reunión, de un contacto, son como la primera escena, el primer acto de una obra de teatro.

Los papeles de la señora Dupont

Lo importante son, primeramente, los personajes en escena, los «papeles». La palabra puede tener diversos sentidos, que pueden ser positivos, y significan entonces *responsabilidad* (por ejemplo: el papel de los padres es ocuparse de la educación sexual de los niños), o negativos, y significan entonces ocultación (por ejemplo: tal persona es difícil de conocer, está continuamente interpretando un papel). Pero aquí hay que tomarla en un tercer sentido muy diferente. Para definirlo, en vez de explicaciones abstractas, voy a poner un ejemplo que todo el mundo conoce bien, probablemente sin haberlo analizado nunca. Al comenzar un juego radiofónico o televisado, ¿qué se le pregunta al concursante o qué dice el presentador al respecto? «He aquí la señora Dupont. Tiene treinta y seis años. Es empleada de banca. Está casada y tiene tres hijos. Viene de Burdeos.» Parece como si ya supiéramos casi todo sobre esa persona. Cuando la presentación pretende ser absolutamente completa, temina así: «La señor Dupont ganó brillantemente su eliminatoria regional. Forma parte de una asociación de consumidores. Su hobby: el arte de la floristería japonesa.» En ese momento, sin que tengamos ni el menor atisbo de información sobre su personalidad interna y sin que ella haya dicho una sola palabra, se tiene la impresión de conocer perfectamente a la señora Dupont, tanto el concursante o los otros concursantes como los oyentes o televidentes. Esto es porque así se ha pasado revista a los diferentes «papeles» que cada uno de nosotros asume en un contacto social: todos a la vez, o algunos de ellos, según la naturaleza del contacto.

Hay tres clases de papeles: los papeles sociales impuestos, los papeles sociales conquistados, los papeles individuales.

Los papeles sociales impuestos

Son: el sexo, la ·edad, la profesión, la familia, el origen. Lo que caracteriza a estos papeles es que no se pueden interpretar libremente; en cualquier caso, que la mayoría de las personas no los interpretan libremente: gestos, actitudes, vestimenta, están previstos y como ordenados. Cuanto más estrictamente se interpreten estos papeles dentro de la norma, más pesan sobre las relaciones humanas desde los primeros segundos de las reuniones. Así, una mujer que se presenta como mujer-mujer (en el sentido hollywoodiano o 1900) transforma cualquier entrevista en escena de seducción. O, a la inversa, una feminista radical comienza por entablar un debate, cualesquiera que sean las circunstancias.

Los papeles de edad son también muy determinantes en la entrevista: no es ciertamente igual tener ante sí a una persona de dieciocho años, una de cuarenta o una de setenta. Parece que se trata de un elemento que, por sí solo, orienta la entrevista en uno u otro sentido y le da un determinado estilo. Este sentimiento es tan fuerte que explica, por ejemplo, el extraordinario éxito de la obra teatral convertida en película, *Harold y Maud*. Todos los espectadores del mundo se maravillaron al ver que, desde los primeros minutos de su encuentro, pudiera haber una relación de atracción afectiva y sexual entre un chico de menos de veinte años y una mujer de ochenta años. Ahí radica todo el interés de la cosa, hasta el punto de que durante la película no pasa prácticamente nada, salvo perpetuas reuniones que realzan la diferencia de edades: esto va contra todos los papeles de edad admitidos y «normales» y el asombro no desaparece en hora y media.

Cambiar de situación = cambiar de papel

Los papeles profesionales son más o menos coercitivos: en algunos casos, predeterminan completamente la actitud externa y la personalidad interna (el soldado, el cura, etc.); en otros, son mucho más flexibles y variables (así, los funcionarios, los comerciantes). Pero de lo que hay que tomar clara y netamente conciencia es de que el papel socioprofesional es generalmente el papel dominante de los individuos, en torno al cual se organiza su personalidad.

Una experiencia norteamericana es muy significativa a este respecto: un grupo de investigadores trazó primeramente el perfil psicológico de cientos de obreros dentro de una empresa y luego les siguieron durante varios años; se dieron cuenta de que los que cambiaban de categoría socioprofesional, pasando de obreros a encargados o capataces, cambiaban al mismo tiempo de opiniones y de comportamientos.

El peso de los papeles familiares

Los papeles familiares son, por su parte, totalmente constrictivos en todas las reuniones familiares. Esta observación no es en modo alguno una perogrullada: da cuenta de una realidad tan común y tan habitual que nadie le presta atención. Al comenzar la jornada, al volver a casa por la tarde, del trabajo o del colegio, al principio de una confidencia o de una explicación, no son individuos con tales o cuales características psicológicas los que se encuentran, se reúnen: son el marido y la mujer o la madre y los hijos o el hermano y la hermana. Todas las demás características están subordinadas a ésta.

En la vida social fuera de la casa, la importancia de estos papeles es variable: así, al principio de una reunión de trabajo, el director general que la anima ha dejado en el guardarropa su papel de marido y de padre; pero una mujer que llega a la consulta del médico con su hijo es, ante todo, una madre.

En cuanto a los niños pequeños, éstos no son durante mucho tiempo —en su casa y fuera de ella— otra cosa que niños: no tienen más

papeles a su disposición que los papeles de edad y los papeles familiares. Tanto esto es así que, la mayoría de nosotros, cuando abordamos
a un niño, le preguntamos: «¿Cuántos años tienes? ¿Te portas bien
con mamá? ¿Ya eres bueno con tu hermanito?», etc.

A medida que van creciendo, los jóvenes aumentan su batería de
papeles; pero, todavía por mucho tiempo, la edad y las relaciones familiares continúan siendo ampliamente dominantes y no ceden fácilmente su lugar a otros más adultos. Esto explica que los adolescentes
tengan siempre ese aire como ausente en la mayoría de sus contactos:
dan la impresión de no saber muy bien qué pintan allí, y esto es lo
que efectivamente sienten.

¿Soy «francesa» antes de ser «yo»?

Por lo que al origen geográfico se refiere, en el sentido más amplio
del término, éste proporciona con demasiada frecuencia un papel dominante: así, en Francia, país centralista, un provinciano en París puede abordar todos sus contactos humanos en tanto que provinciano.
Todos sus demás papeles: su personalidad individual, el contenido verbal de la entrevista, están subordinados a aquél. No se trata de una
entrevista con un hombre o una mujer de tal edad, tal profesión, tales
opiniones o tal carácter, sino de un «provinciano» que se entrevista
con un «parisiense».

Cuando los problemas raciales o étnicos son importantes, el papel
racial o étnico define todas las relaciones: en los Estados Unidos,
cuando alguien se entrevista con un negro, el hecho de que se llame
Jim o Tom, que sea tonto o inteligente, que le guste el béisbol o la
pintura abstracta, etc., sólo viene después —si es que viene.

De grado o por fuerza, algunos tipos de contactos nos obligan a
desempeñar ese tipo de papel, con exclusión de los demás: así, recuerdo mi primer viaje a Italia. A menudo, antes incluso de haber
dicho una palabra, mi interlocutor decía triunfalmente: «¡francesa!». Y
yo dejaba de ser yo misma, con mi historia personal, mis sentimientos,
mis pensamientos: era «la» francesa. Lo mismo, pero a la inversa, es
lo que hacemos nosotros cuando tenemos delante a un japonés, un
ruso o un canadiense.

Son papeles sociales impuestos, de los que es imposible librarse.

Es posible conquistar ciertos papeles sociales

Hay otro tipo de papeles sociales que se pueden conquistar, elegir:
los papeles de prestigio y los de grupo.

El prestigio, en nuestra civilización, está relacionado con el éxito. Cuanto mayor es el éxito, más dominante es el papel correspondiente. Hasta el punto que una reunión con alguien importante constituye una categoría de entrevista aparte de las demás; uno apenas se interesa por su carácter para establecer el contacto, pues la experiencia enseña que una persona importante se conduce generalmente como persona importante: como presidente, como estrella, como autor de éxito, como diputado, etc. Los demás papeles están frecuentemente marcados; cuando esto no es así, se admira mucho la sencillez, la amabilidad, etc.

¿Qué ocurre en el Club Mediterráneo?

En cuanto a los papeles de grupo, éstos sólo son en principio interpretables dentro de los grupos en cuestión. Un ejemplo bien conocido: en el Club Mediterráneo, los cinco primeros minutos de las reuniones no se desarrollan en absoluto como en un despacho de París. Y, los mismos personajes que utilizan habitualmente el estilo de reunión al uso en un despacho, adoptan un papel bien distinto en el Club Mediterráneo.

Así, dentro de la mayoría de los grupos, existe un estilo particular de relaciones humanas, particularmente definido en los primeros minutos de los contactos: en cada club deportivo, en cada asociación, la gente se saluda de tal manera, se hacen tal tipo de bromas, se ríe inmediatamente o se está serio, se utiliza el tuteo o no, etc. Todas las diferencias individuales se pliegan a este molde.

Estos papeles preferenciales, estas «afinidades electivas», parecen enormemente indispensables para el ser humano, y los psicosociólogos deploran que esta oportunidad se presente demasiado esporádicamente en nuestro mundo demasiado vasto y demasiado colectivo.

Es evidente que, en un grupo donde cada uno conoce exactamente su papel y el de los demás, todos los contactos son tranquilizadores, y, en especial, los primeros minutos de las reuniones, que discurren sin angustias y en un ambiente desdramatizado.

La satisfacción obtenida es tal que algunos miembros del grupo trasladan su papel permanentemente al exterior: hay «scouts» que son «scouts» en cualquier situación, militantes (de cualquier tendencia) que son militantes en cualquier lugar y situación.

El intérprete, el donjuán, el hippy, la «niña mona»...

Tercer grupo de papeles: los *papeles individuales*. Cada uno de nosotros interpreta habitualmente un mismo personaje en las más diver-

118LOS CINCO PRIMEROS MINUTOS

sas circunstancias o tiene varios personajes a su disposición según los casos. Algunos son muy conocidos e interpretados por numerosos individuos: el bromista, el donjuán, el hippy, el hombre culto, la «niña mona», el coleccionista, etc.

Pero otros son mucho más específicos, elaborados por cada uno de nosotros a lo largo de nuestra vida: este es el motivo de que, finalmente, resulte tan difícil distinguir rápidamente la psicología real de alguien a través del personaje que ha adquirido la costumbre de interpretar. En el transcurso de estos últimos años, el movimiento de los grupos de encuentro ha tenido por objetivo eliminar ese personaje aparente, bajo pretexto de que es falso y superficial, en beneficio de la personalidad profunda. Pero la experiencia demuestra que el personaje aparente no es ni tan fácil ni tan superficial y que, desaparecido éste, la persona enseguida se encuentra vulnerable, frágil, torpe. En definitiva, lo que sucede es que la persona reconstruye otro personaje para adoptar otro papel individual.

Hay que comprender bien que no puede haber un encuentro totalmente «auténtico»: eso sería insostenible en la vida real. En general, estos encuentros «auténticos» se confían a especialistas sujetos al secreto profesional (confesores, psicoanalistas, etc.).

Por eso, hay que tomar consciencia de esto: el análisis que se puede hacer del otro en los primeros minutos de la entrevista * es más bien el análisis del papel que interpreta la persona, aun cuando ésta no sea realmente consciente. Y, recíprocamente, esto es cierto para nosotros también. Pero, ¿qué importancia tiene esto? Porque, salvo conversión brusca, fenómeno relativamente raro, el papel habitual que nosotros interpretamos emana de nosotros mismos, nos representa, responde a nuestras tendencias profundas. En cualquier caso, existe un ajuste y una adaptación recíprocas.

Tras todas estas consideraciones, tal vez un poco teóricas, hay que pasar a la práctica: ¿qué hacer con nuestros propios papeles, cómo reaccionar ante los papeles de los demás, cómo armonizar unos y otros?

El gesto crea la función... y la comunica a los demás

«Observemos a ese mozo de café. Tiene el gesto vivo y firme, un poco demasiado preciso, un poco demasiado rápido, se dirige a los consumidores con un paso un poco demasiado vivo, se inclina con un poco de demasiada diligencia... Sus ojos reflejan un interés un poco demasiado solícito por el encargo del cliente,

---

* Ver F. Kostolany: *Les gestes* (París-Retz-CEPL, 1976).

hele aquí al fin que vuelve intentando imitar, en su caminar, el rigor inflexible de no se sabe qué autómata, llevando su bandeja con una especie de temeridad de equilibrista, poniéndola en un equilibrio permanentemente inestable y permanentemente roto, que él restablece permanentemente con un ligero movimiento del brazo y de la mano.

Toda su conducta parece un juego... Su mímica y su voz parecen también mecanismos... ¿A qué juega?... Juega a ser mozo de café... El niño juega con su cuerpo para explorarlo, para hacer el inventario; el mozo de café juega con su condición para realizarla.

Esta obligación no difiere de la que se impone a todos los comerciantes: su condición es totalmente ceremonial y el público reclama de ellos que la realicen como una ceremonia. Existe la danza del tendero, la del sastre, la del tasador de subastas..., a través de las cuales se esfuerzan por persuadir a su clientela de que no son otra cosa que un tendero, un tasador de subastas, un sastre. Un tendero que sueña es ofensivo para el comprador porque ya no es absolutamente un tendero. La cortesía exige que se mantenga en su función de tendero, como el soldado en posición de firme se hace cosa-soldado, con una mirada directa pero que no ve...»

(J. P. Sartre: El Ser y la nada.)

Un estrés: interpretar un papel que no nos gusta interpretar

Existe el papel o los papeles que usted conoce perfectamente y que le gustan. Usted es una mujer contenta consigo misma. O, para su gran satisfacción, usted es un hombre triunfador. O bien usted se siente como pez en el agua dentro de su asociación. Todo lo que tiene que hacer es seguir así, ya que esto representa para usted una baza considerable en sus entrevistas y contactos. Pero está también el papel que usted conoce bien, pero que no le gusta o que le ha dejado de gustar: formal hijo de sus papás, joven ejecutivo dinámico... y agotado, enamorado desentusiasmado, etc. Hay tres razones para estos papeles mal asumidos:

— *El conflicto con otro papel:* el hombre autoritario en el exterior y sometido en su casa, o a la inversa; una moral esgrimida en un lugar y una vida diferente fuera de allí; el ejecutivo atrapado entre la dirección y sus subordinados.

— *La «sobrecarga»:* el ama de casa en la que todo el mundo se apoya y al borde de la depresión; el estudiante activo y empollón a punto de caer en el agotamiento.

— *La obligación:* la mujer que envejece, un trabajo o una responsabilidad no elegidos realmente, el representante no convencido de la calidad del producto que vende, etc.

En todos estos casos, las reuniones en las que usted debe asumir este tipo de papeles acentúan su insatisfacción y los primeros minutos, sobre todo, la avivan invariablemente. La situación de estrés se reparte en cada una de ellas. Todo depende de su capacidad de resistencia. Todos debemos interpretar a menudo papeles que no nos gustan —y sobrevivimos—. Pero más o menos bien.

No esforzarse por mostrarse a gusto

Otro posible problema: usted está aprendiendo un papel y todavía no lo domina perfectamente. Cada principio de contacto requiere un reajuste. El ejemplo más corriente: los primeros días de una relación afectiva. Usted no está totalmente aún en la piel del personaje: novio enamorado o novia feliz... La falta de dominio del papel frena sus impulsos. El problema no puede resolverse en cinco minutos. No debe esforzarse por aparentar estar cómodo cuando no es así. Un día su papel se adueñará de usted completa y rápidamente.

Pero si, con demasiada frecuencia, su aprendizaje de un papel dura mucho tiempo, si los principios de los contactos le someten por lo tanto a tortura, es que un problema psicológico profundo le está perturbando, a menos que el papel que usted pretende asumir sea demasiado opuesto a su personalidad.

El problema del «joven subteniente»

Un cuarto problema puede preocuparle, el que yo llamaría del «joven subteniente». Cito a un especialista norteamericano: «El subteniente que acaba de incorporarse, recién salido de la escuela de oficiales, se encuentra a menudo inmerso en una situación militar donde siente que su familiaridad con las prescripciones en curso es desigual. Su motivación personal dominante es tener éxito en su primera misión de mando. Puede conseguir un mínimo de incertidumbre sobre lo que hay que hacer, gracias a sus colegas oficiales de grado superior al suyo, adhiriéndose estrictamente a lo que él puede suponer que son las concepciones de éstos sobre el papel normal de un subteniente. También puede conseguir un mínimo de incertidumbre a través de los hombres que manda insistiendo en la estricta observancia de todas las reglas militares, de manera que todo pase por los canales previstos y resulte más predecible. Ésta es sin duda la razón por la cual los jóvenes subtenientes tienen la reputación de ser más militares que los oficiales veteranos, que se sienten más seguros en sus expectativas de cara al comportamiento de aquellos a quienes mandan.»

Se trata de papeles cuya teoría se ha aprendido perfectamente y que en un momento dado hay que practicar: son los primeros instantes de cada acción, de cada entrevista, los que representan un problema. La tentación está, pues, en pujar por poner más alto el listón: vale más, piensa todo el mundo, hacer demasiado que no lo suficiente. La cosa está hasta tal punto admitida que parece una ley. ¿Por qué cuestionarla?

Cuando no se sabe en absoluto interpretar el papel

Último tipo de problema: usted no ha aprendido su papel, no comprende en qué consiste y se encuentra, pues, incapaz de interpretarlo. Se trata siempre de casos anecdóticos, que le pillan más o menos de sorpresa: llega usted a un entorno que no conoce; alguien que usted conoce cambia repentinamente de papel; o alguien se opone a uno de sus papeles habituales y quiere hacerle interpretar otro diferente, o le exige que sea usted «auténtico». Es una situación que suele darse al comienzo de los grupos de encuentro, caso experimental por lo tanto. En la vida normal, es menos corriente, mucho menos corriente.

¿Qué hacer? La tentación es hacer trampa. Hacer como si usted conociera en realidad ese nuevo papel inesperado. Esta postura puede permitir afrontar los primeros minutos, pero, generalmente, es difícil de mantener después.

Los buenos actores son tranquilizadores

Hay que ver ahora cómo interpreta el otro su papel.

Puede hacerlo muy bien, exactamente como está previsto. No voy a poner ejemplos, pero usted tiene su propia idea sobre la forma en que un hombre o una mujer, un joven o un viejo, un barrendero negro o un pescador bretón, un inspector de policía o un concejal, etc., debe comportarse cuando les tiene enfrente. Si interpreta su papel como usted lo concibe, usted va a sentirse muy cómodo. Y esa sensación de bienestar es algo que buscamos en todos los contactos humanos, es decir, que nos gusta encontrarnos con gentes que interpretan bien su papel. Hay que advertir sobre un riesgo: *sentirse demasiado atraídos por esos habilidosos* con los que el contacto resulta tan fácil.

Personalmente, me gusta mucho entrevistarme con personas que interpretan bien su papel, desde luego, pero a su manera: los inconformistas, los originales, que te cogen siempre a contrapié. La estrella sin maquillar. El publicista conocido en París y que sueña con retirarse a un monasterio budista, etc. Esto pone sal y pimienta desde los primeros minutos.

Los malos actores crean malestar

Están luego los que interpretan mal su papel. Usted los llama, según los casos, «tímidos», «patanes», «incompetentes», etc.

Ciertamente, interpretar mal el propio papel puede efectivamente responder a un determinado rasgo de carácter, pero, generalmente, no de forma tan simple. Y, el mismo papel, mal interpretado ante usted, puede estarlo bien en otras circunstancias.

De todas formas, cualquiera que sea la explicación que le dé, usted va a sentir un malestar, una turbación, y va a actuar para reducirlo, para suprimirlo. Bien protegiendo al otro, con la amabilidad, o bien protegiéndose usted, con la dureza. Pero sepa que es casi imposible permanecer indiferente.

Lo que ocurre en el mundo «normal»

Es enorme el ajetreo entre los «personajes» durante esos primeros instantes —los primeros minutos— de una entrevista. A grandes rasgos, pueden darse cuatro casos:

Usted conoce su papel y el otro también. Los dos interlocutores están, pues, poco más o menos al mismo nivel: así es como generalmente se establecen las relaciones de venta profesional (de empresa a empresa), como comienzan las reuniones de trabajo normales (todo el mundo sabe lo que hay que hacer) y como se reencuentran por la tarde las parejas que no tienen particulares problemas. La relación se basa entonces en el intercambio de humores, en la conversación, en la agudeza psicológica. Se está en un mundo «normal», real o aparentemente.

Usted sabe interpretar su papel, pero el otro no. En términos generales, ésta es la definición de las relaciones entre adultos y jóvenes, particularmente adolescentes. El profesor comienza su clase, y los alumnos miran a otra parte. Los padres comienzan una explicación, y el niño no responde o habla de otra cosa. Es también el caso del profesional veterano con el principiante. Si el malestar dura mucho tiempo, si el acoplamiento entre los papeles no se produce, nace una irritación recíproca. Usted, el adaptado, acabará por sentir una incomprensión irritada y, en ocasiones, desprecio.

Pero imagínese en la situación inversa. *Es usted el que no conoce su papel* —no sabe cómo actuar y hablar—, *mientras que el otro sí lo conoce.* Si su malestar no se disipa rápidamente, usted se sentirá pronto incómodo e irritado: ante las personas demasiado seguras de sí mismas, que inmediatamente pretenden guiarle y mostrarle cómo debe desarrollarse la entrevista, dependiendo del humor que usted tenga en ese momento o de su carácter, usted se sentirá dócil o rebelde según que se sienta comprendido o no. De todas formas, sobrestima al otro y eso le producirá un sentimiento de desvalorización.

Último caso, menos habitual, pero divertido: *usted no conoce su papel, el otro tampoco.* Tímido con tímido. Principiante con principiante. O entrevista libre e inesperada, como la que puede reservarnos el azar: autoestopista y conductor, por ejemplo. Una vez que cada uno está seguro de que el otro se encuentra en la misma situación, la relación es muy libre y relajada. Nadie tiene que recibir lecciones de nadie. A menudo, es una condición favorable para el establecimiento de muy buenas y largas relaciones.

He aquí cómo esta noción de «papel», un poco inhabitual pero muy esclarecedora, permite describir de una forma dinámica a los personajes en escena durante los primeros minutos de los contactos humanos.

LAS EXPECTATIVAS

Las personas se reúnen siempre para algo, aunque sólo sea para encontrarse. Uno espera algo del otro y el otro lo espera también. Pero, si, muy a menudo, los interlocutores se despiden decepcionados e insatisfechos, es que, desde el comienzo, uno no ha sabido comprender las expectativas del otro y tampoco ha conseguido hacerle comprender las suyas. De ahí los «él (o ella) no me comprende», «no se puede hablar con Fulano (o Fulana)».

El problema se plantea entonces: ¿qué hacer para conocer las expectativas de los demás lo más rápidamente posible y actuar en consecuencia, pero, también, qué hacer para hacer comprender a los demás las propias expectativas?

Las víctimas de la proyección

Un escolar cogido en falta es convocado por su director. Se siente culpable. Tiene miedo. Llegado ante el adulto, va a sentir que ese director es terrorífico, que hay en él algo que provoca este miedo y que ésa es su única intención.

Un joven enamorado y lleno de ardor se reúne con la mujer que ama: está lleno de exaltación y de admiración, encuentra a su compañera maravillosa, y los gestos y las palabras de ésta le prueban que ella está en el mismo estado.

Ambos son víctimas de la «proyección». Este término aparece a menudo en los libros y artículos de psicología, y no siempre se sabe muy bien lo que quiere decir. En su sentido original, psicoanalítico, «proyectar» significaba: rechazar un sentimiento que uno no quiere reconocer como suyo y creer que existe en realidad en el otro y no en uno mismo. Se aplica particularmente para los deseos sexuales. Está también el complejo de persecución (o manía persecutoria), es decir, la impresión de que los demás le desean el mal: en realidad, usted le ha deseado el mal a su padre, su madre, su hermano o su hermana, sin haber tenido nunca consciencia de ello.

La proyección falsea todo

Este sentido freudiano se ha ampliado considerablemente y, actualmente, en el lenguaje corriente, cuando se dice que alguien «proyecta», se quiere decir bien que el otro es la única causa de lo que él mismo siente, bien que él considera que el otro siente exactamente lo que él siente.

Por lúcido que uno sea, es prácticamente imposible librarse de la proyección. Cada vez que a usted no le gusta alguien y tiene que encontrarse con él, no puede impedirse buscar y encontrar en él lo que hace que a usted no le guste.

Y cada vez que a usted le gusta, que usted estima, que usted admira a alguien, espera normalmente que él le aprecie, que le estime, que le admire o, en todo caso, que agradezca los sentimientos que usted le profesa.

Cuanto más intensa sea la proyección al comienzo de una entrevista, menos bien se desarrollará ésta. Este mecanismo es particularmente espectacular en las negociaciones sociales, por ejemplo: cuando las dos partes se reúnen, cada uno tiene su idea preconcebida sobre el otro y no da su brazo a torcer. Esto explica también que las negociaciones de paz entre beligerantes sean tan interminablemente largas (esto se vio en la Conferencia de París sobre el Vietnam, pero hay muchos más ejemplos): los enemigos que se reúnen se encuentran mutuamente odiosos y, antes de pasar a una relación humana normal, ha de transcurrir mucho tiempo.

Dos casos de proyección

De forma más corriente, esto es también lo que pasa en el momento del regreso cotidiano del marido al hogar. Una estadística norteamericana mostró que los primeros instantes de estos reencuentros cotidianos eran una de las mayores causas de divorcio. ¿Por qué? El marido llega, por ejemplo, muy alterado por su jornada de trabajo: ha seguido estándolo en la carretera con los demás automovilistas. Cuando llega a casa, va a irritarse si el aparato de televisión está mal regulado, si el menú no le agrada, si los niños han hecho cualquier trastada, etc.

Otro caso: la mujer consagrada a su hogar, que gasta apasionadamente su energía para que todo esté limpio, agradable, etc., que organiza toda su vida en torno a su marido y a sus hijos, espera que su marido y sus hijos compartan sus sentimientos y que el hogar sea para ellos lo que es para ella. O bien también el marido que tiene grandes satisfacciones profesionales y las proyecta cada tarde en su casa y convierte así su hogar en un anexo de su oficina, de su estudio, de su taller, etc.

Comprender o ser comprendido

En la mayoría de los casos —por no decir en todos—, las proyecciones no concuerdan y por ese motivo los primeros minutos de la cotidiana vuelta al hogar pueden ser difíciles, porque la realidad no tarda en contrariar las expectativas de cada uno y porque cada uno, encerrado en sus propias proyecciones, es incapaz de comprender correctamente las expectativas de los demás miembros de la familia.

¿Qué hacer para ponerse en guardia contra los enojosos efectos de la proyección? En los casos más graves, hay que recurrir al tratamiento psicológico. Pero, en la vida normal, hay una forma de evitarla: cada vez que se reúna con alguien y se diga usted con angustia o irritación: «Él (ella) no me comprende», déle la vuelta al problema y dígase: «¿Le comprendo yo?» Si uno hace el esfuerzo con asiduidad, la intuición afectiva de las expectativas del otro será cada vez menos proyectiva.

De todas formas, hay casos en los que el mecanismo de la proyección es menos peligroso en los primeros minutos de la entrevista: se trata de todas las situaciones de la vida social en las que las expectativas son, digamos, razonables y en las que usted puede esperar, por lo tanto, conocer a la persona con la que se entrevista, no ya por intuición afectiva, sino por previsión intelectual.

Cómo las relaciones humanas devienen inhumanas

Durante una gestión administrativa, una reunión, etc., usted siente la tentación de pensar que no hay necesidad de recurrir a consideraciones psicológicas más o menos racionales: basta, piensa usted, con fiarse del lenguaje, hablado o escrito, que es el que «descubre las cartas». Usted puede basarse en documentos (dosier, explicación verbal, orden del día, etc.) para prever con bastante exactitud lo que el otro quiere o espera de usted.

En realidad, si nos atuviéramos a esta teoría, las relaciones humanas se volverían totalmente inhumanas. Una de las grandes cuestiones en el orden del día, cada vez que se trata el tema de la «calidad de vida», se refiere a las relaciones entre la Administración y el público. Generalmente, se acusa a la Administración, en sus relaciones con el público, de atenerse a los formalismos al uso y de olvidar el lado humano. Ahora bien, cuando un administrado se presenta para solucionar tal o cual asunto, para hacer tal o cual solicitud, él desea, por supuesto, que se ocupen de su asunto y que accedan a su solicitud, pero espera también, y sobre todo, que le atiendan de una forma menos administrativa.

Observe al banquero

Un cliente llega al banco para pedir un consejo de inversión o para solicitar un préstamo.

Su expectativa no es solamente puntual, centrada totalmente en su problema del momento, sino que lo desborda ampliamente según su carácter y su humor del momento. ¿Cómo van a proceder el director o el empleado de cara a este cliente?

Aplicando esta regla psicológica tan sencilla: dejar de entrada que el cliente se exprese, cuente su vida, sea él mismo. Evidentemente, los bancos no actúan así por pura filantropía: su interés está en juego. Pero eso quiere decir que la eficacia de un servicio, de una empresa, de un organismo en contacto con el público, depende de una buena previsión de las expectativas de dicho público, pues éste lo sabe, lo percibe en cada contacto o gestión.

Balint, los médicos y los enfermos

Entre los que se interrogan con mucha agudeza sobre los problemas de la comprensión de las expectativas están los médicos. Los primeros minutos de cada uno de sus contactos con sus clientes consisten evidentemente en delimitar, lo más aproximada y rápidamente posible, las razones de su visita. Aparentemente, se trata siempre de un problema físico de salud. Pero, un médico que se limite a eso, preocupándose únicamente de la temperatura, de la salud, de la tensión, no será considerado un «buen» médico por sus clientes (puede ser incluso que eso represente un obstáculo para su curación). Durante largo tiempo, ha habido a este respecto una gran disputa en la medicina psicosomática: ¿depende el cuerpo del alma o el alma del cuerpo? Un médico inglés, Balint, analizó las propias declaraciones de los enfermos desde que entraban en su consulta, y advirtió que éstas eran a menudo poco fiables.

Cuando se le dice al médico: «me duele la cabeza», «tengo la gripe», «sufro del estómago», etc., esto no es exactamente —o no sólo— lo que se le quiere decir. El médico que se atiene al diagnóstico aparente o inmediato comete un grave error. Las verdaderas expectativas del paciente están en otra parte; hay que preverlas y analizarlas no sólo a partir de lo que él dice, sino según lo que él revela más o menos conscientemente de su personalidad y de su vida.

Médicos o no, muchas personas son conscientes de esta dificultad. Para evitar los fallos de su propia intuición o los errores de interpretación, intentan obtener algunos datos sobre la personalidad de la persona con la que van a tener que entrevistarse.

El arte de informarse sobre las expectativas del prójimo

Hay dos formas de informarse sobre las expectativas reales de las personas, conocidas o desconocidas, con las que nos entrevistamos. En primer lugar, una información general sobre la psicología humana; a continuación, una información particular sobre la psicología personal de un individuo dado.

Es evidente que algunos conocimientos, teóricos o prácticos, sobre la psicología humana ayudan mucho a enfrentarse a los demás. Estos conocimientos no requieren una técnica extraordinaria. Cuando uno se da cuenta de que, finalmente, lo que todo el mundo desea es que le escuchen y que le aprecien, ha comprendido lo fundamental. El despertar de la responsabilidad psicológica se produce cuando uno no espera ser escuchado y apreciado durante todas sus entrevistas con los demás. Hoy por ti, mañana por mí.

Pero uno puede evitar el adoptar demasiado este radical punto de vista en las relaciones humanas procurando informarse previamente. En muchos casos, uno puede prepararse para una entrevista intentando conocer las auténticas expectativas del otro. Ésta es incluso —y precisamente— la profesión de algunos especialistas en la contratación profesional. De entrada, someten a los aspirantes a tests intelectuales, caracterológicos, de carrera y, cuando reciben a los candidatos a un determinado puesto, conocen ya un aspecto de su personalidad.

¿Qué es lo importante?

Aunque uno no forme parte de esos especialistas, ¿puede intentar imitarles? En realidad, siempre conocemos bastantes cosas sobre las personas con las que nos vemos en la necesidad de reunirnos día tras día. ¿Cómo discernir lo que condiciona el estilo de los primeros minutos de la entrevista y lo que carece de importancia?

¿Cómo definir lo que es importante y lo que no lo es? Se pueden proponer los cuatro criterios siguientes:

1. Un indicador esencial de las expectativas de alguien son sus

«hobbies». En español no existe un término exactamente equivalente. Un «hobby» es una actividad electiva en la que uno emplea su energía fuera de las estructuras sociales, profesionales, financieras: el cultivo de rosales, los trenes en miniatura, las labores de ganchillo, la colección de cajas de cerillas, etc. Esto puede ayudar a los demás a saber quién es usted en realidad. Comenzar una entrevista por el sesgo del «hobby», hablando de él o haciéndole hablar al otro, puede resultar provechoso.

2. «Dime a quién admiras». Saber a quién admira el otro, de quién es «fan», cuáles son sus modelos, siempre es significativo. Si uno no se parece a su modelo admirado, evidentemente, tiende a serlo o sueña con ello. Esta admiración indica quién desearía ser el otro o incluso imagina que es en realidad. Abordar a alguien por su personalidad imaginaria es a menudo una manera auténtica de abordarle. Lo que uno sueña ser es a veces más auténtico que lo que realmente es.

3. Lo que el otro oculta y lo que enseña. La mayoría de las personas no se dan cuenta de lo que ocultan, todos los demás —o casi todos— lo saben. Pero mostrarles que lo conocemos tiene un efecto desastroso, por ejemplo, en lo que se refiere al origen social, a la felicidad privada, los resultados escolares de sus hijos, el monto de sus ingresos, etc. Establecer un contacto con alguien demostrándole que lo sabemos todo sobre él puede tener resultados inmediatos —le dejamos al descubierto—, pero, a largo plazo o incluso a medio plazo, el bumerang se volverá contra nosotros. Más aún: un acuerdo arrancado en estas condiciones no va seguido de efecto y de realización.

4. Finalmente, debemos tener presente que cada persona es una historia. Le ha sucedido esto, aquello o lo de más allá. A menudo se tiene la impresión de que conocer los antiguos secretos de alguien nos da una gran ventaja sobre él y que en cada entrevista podemos manejarle a nuestro antojo. ¡No se fíe! Porque el otro puede también aferrarse a la idea de que conoce su historia. ¿Y quién no tiene un cadáver en su armario? Ésta es, pues, un arma que le puede explotar fácilmente en las manos.

¿Qué es lo que carece de importancia?

Todo esto nos conduce al tema de la gratificación y de la frustración. Gratificar a alguien es, desde el principio del contacto, responder a sus expectativas secretas: agradecerle la entrevista, felicitarle por éxitos reales o imaginarios, escuchar abundantemente sus quejas o sus consejos. En realidad, concederle inmediatamente y sin discusión importancia. Frustrar es lo contrario: rebajar al otro, no comprender sus expectativas y, si se comprenden, no satisfacerlas. Esto en teoría y en abstracto. Pero, ¿qué ocurre en la realidad?

Sepa gratificar para no frustrar

Primero, usted. Usted delante, con los demás.

Usted es tal vez de esas personas que saben y a las que les gusta gratificar. Usted comienza siempre por agradecer el ser recibido, por mostrarse feliz de recibir, por felicitar, por rechazar el ser felicitado. Conocidos, desconocidos, usted gratifica con todo su entusiasmo. Porque, ahí está el peligro: cuando uno ha comprendido el extraordinario placer que puede proporcionar a los demás mediante este sistema, corre el peligro de abusar de él. Porque esto produce la impresión de que así es posible manejar a los demás. Pero esto no es evidente. Lo demasiado es demasiado. Si usted está siempre gratificando a los demás (consorte, hijos, colegas o desconocidos) nada más encontrarles y sin que apenas le hayan mostrado la necesidad de ser gratificados, éstos van a desconfiar: «demasiado amable para ser honrado».

Todo el mundo quiere ser gratificado

Otro caso: usted tiene la clara sensación de que no sabe gratificar. Cada vez que usted se entrevista con alguien usted desearía complacerle. Pero no sabe cómo arreglárselas. En estos casos generalmente se habla de timidez. Pero esta palabra oculta aquí la incapacidad de poner en marcha una actitud cuya necesidad, sin embargo, se deja sentir. Esto quiere decir que no se está realmente seguro de esta necesidad.

En lo que a mí concierne, yo afirmo esto: todo el mundo, cualquiera que sea su aparente éxito social, afectivo, artístico, etc., aprecia ser gratificado, pero es preciso dar en el clavo: un farsante puede tener especiales deseos de que le tomen en serio; el hombre triunfador, de que se dude de él; el consorte, de que después de veinte o treinta años le hagan la corte como si todavía fuera preciso seducirle; el niño, de que le traten como a un adulto... o como a un bebé. En este campo sólo hay una cosa por la que guiarse: los signos del humor. Tantee el terreno: si el otro manifiesta signos de satisfacción, continúe; si de rechazo, cámbiese el fusil de hombro; si de huida, está usted cargando las tintas.

¿Desconfía usted de la afectividad?

Pero puede que usted no sepa gratificar porque no lo quiera saber. Esta manera de abordar las relaciones humanas le parece completamente errónea: o bien demasiado afectiva o bien falsamente sutil. A usted le gusta el terreno sólido donde las apariencias se corresponden con las realidades, es decir, donde, según usted, algunas apariencias corresponden a ciertas realidades, donde alguien que le acoge con irritación está realmente irritado, donde alguien que no dice nada carece de vocabulario, donde alguien que ríe es feliz, donde el culpable se siente culpable, etc. ¡Pues bien, si no quiere usted gratificar a los demás, no lo haga!

Vamos a abordar el problema ahora por el otro lado: por el lado de sus expectativas. Porque usted, independientemente de lo que piense de las expectativas de los demás, tiene las suyas, y desea, en cada uno de sus contactos, que sean satisfechas. A este respecto existen dos clases de individuos: los que buscan continuamente la menor gratificación y los que están al acecho de la menor frustración. ¿A qué categoría pertenece usted?

La necesidad de ser gratificado

Hay personas que tienen la absoluta necesidad de ser previamente gratificados antes de funcionar. De que se les diga que son guapos, inteligentes, amables, competentes o poderosos, etc., y a continuación comienzan a hablar y a actuar. Bien. Si usted es así, le conviene organizarse en consecuencia: para no conocer y no entrevistarse más que con personas que satisfarán esta expectativa. Generalmente, a usted le da completamente igual no obtener semejantes gratificaciones; usted no sufre por ello, pero es como si hubiera desaparecido. Usted se instala en la neutralidad y en la pasividad. Así pues, usted depende de los demás. La persona que comparte su vida con usted debe comenzar siempre diciéndole que le ama; sus superiores o sus subordinados, que aprecian la dicha de trabajar con usted, etc. De no ser así, usted vive al ralentí.

Una perpetua expectativa de fracaso

Y hay personas que están perpetuamente al acecho de la menor frustración. Su jefe no le ha saludado a usted como de costumbre. Su hijo parece ocultarle algo. Su vecino está preparando una venganza contra usted. Su empleado le explota, etc. Si usted es así, para usted toda entrevista es una expectativa de fracaso. Probablemente haya viejas razones para ello, razones que se remontan muy atrás. ¿Es posible resolver el problema actual sin afrontar el problema antiguo? No lo creo. La frustración es un hábito: ha estado frustrado, está frustrado, lo seguirá estando. Es un problema individual. Pero no solamente: también hay estructuras frustrantes. Pero ésa es otra historia.

EL TERRITORIO

Una evidencia: las entrevistas se desarrollan siempre en algún lugar. Como cuando se abre el telón en el teatro, la posición de los personajes en el momento en que comienza la acción tiene una importancia fundamental para el futuro desarrollo de los acontecimientos. Ahora bien, este término de «posición» es un tanto ambiguo; más exactamente, tiene un doble significado: tiene un sentido concreto, físico, y un sentido jerárquico (posición en una sociedad, posición social). Para muchos representa un auténtico problema el franquear las «distancias», en sentido propio o figurado. Veamos, pues, lo que se debe (o lo que se puede) hacer.

Usted ya habrá experimentado seguramente la diferencia que existe entre concertar una cita en terreno ajeno, en terreno propio o en un lugar neutral. Las cosas no se desarrollan de la misma manera. ¿En qué casos hay que elegir una u otra de estas tres posibilidades?

Territorio histórico, animal e individual

De entrada, conviene explicar claramente el concepto mismo de «territorio». Durante mucho tiempo esta palabra ha tenido unas resonancias patrióticas: la defensa del territorio, la integridad del territorio, etc. Posteriormente, con el estudio de la auténtica vida de los animales, se descubrió que éstos también eran extremadamente «susceptibles» en lo referente a su territorio: animales con pelo, con plumas o con escamas, indistintamente.

Si hacemos una pequeña amalgama de las realidades animales y de las tradiciones humanas, podremos comprender lo que es un territorio individual:

1. En primer lugar, es un lugar del que uno se considera poseedor. En él uno se encuentra en «casa», durante mucho tiempo o provisionalmente: lo importante es que de cara a ese lugar uno siente la sensación de «propiedad», sin que el término se entienda aquí en un sentido económico. Ya que un inquilino se siente poseedor de su piso, al igual que en el trabajo uno se siente poseedor de tal despacho o de tal parte del despacho. Este sentimiento es muy fuerte, pues va ligado al sentimiento del derecho. El poseedor de un territorio tiene —y sólo él— todos los derechos sobre ese territorio: para desplazarse libremente, para sentarse de una forma relajada en su sillón, para

utilizar los instrumentos, herramientas, accesorios que en él se encuentran, para organizarlo según sus propios gustos, etc.

2. Después, un territorio se indica a los demás a través de «marcas»: un nombre sobre una puerta o sobre un escritorio, objetos personales, una pancarta, un distintivo, un candado, un perro guardián, etc.; las marcas son advertencias para los demás, eventualmente amenazas: «Aquí está usted en mi casa.»

3. Por último, un territorio está, por definición, prohibido a los demás. Pero con diferentes matices según las circunstancias. La prohibición se dirige en todos los casos hacia los «semejantes» más semejantes: otros inquilinos del inmueble, otros ocupantes de un despacho, etc. No se trata, evidentemente, de una prohibición definitiva: es una prohibición que puede levantarse en determinados casos, pidiendo permiso, teniendo una relación privilegiada, teniendo un derecho superior (propietario, jefe, etc.). Y esta prohibición se ve anulada sin formalidad alguna para las personas muy «diferentes»: cartero, empleado del gas, mujer de la limpieza, etc.

Veamos en qué estos conceptos, que pueden ser bastante nuevos para muchos, pueden ayudarnos a actuar y a hablar en los primeros minutos de una entrevista.

No dejarse mantener a demasiada distancia

Usted va a entrevistarse con alguien en territorio ajeno, por ejemplo, en el despacho de su interlocutor si se trata de una cita de trabajo. Observe si ese territorio está muy delimitado, muy defendido, muy «cerrado» o, por el contrario, muy abierto. Por ejemplo, puede haber una placa sobre la puerta, usted aguarda en una sala de espera, es conducido por una secretaria, hay una primera puerta acolchada en cuero antes de la puerta normal, la habitación es muy grande, el sillón en el que usted se instala está muy alejado de la mesa de despacho donde se encuentra su interlocutor: todos estos signos indican que la persona con la que usted se va a entrevistar tiene un sentido muy fuerte, exagerado, del territorio, de *su* territorio. Usted no es más que un intruso admitido por una gracia especial y mantenido a distancia.

Si usted acepta este estilo de disposición, tendrá grandes dificultades para expresarse y para obtener lo que desea. Es preciso que encuentre inmediatamente, desde los primeros momentos, una forma de reducir la distancia: siempre que sea posible, acerque su sillón a la mesa. Si se trata de un sillón muy pesado, en cuanto tenga la oportunidad, levántese para, por ejemplo, mostrarle un documento más de cerca y permanezca despúes ostensiblemente un momento de pie: el otro se verá obligado a tomar algún tipo de decisión, tal vez la de ir a sentarse junto a usted. Evidentemente, todo esto hay que hacerlo amablemente y sonriendo para que su actitud pueda interpretarse como un deseo de aproximación y no de invasión.

También puede suceder, por el contrario, que penetre usted en un territorio muy abierto al que accede directamente, sin espera y sin intermediarios. La persona que ocupa ese despacho considera que las personas que van a verle tienen un cierto derecho sobre su territorio: esto, pues, debe hacerle a usted sentirse cómodo. Pero hay que tener presente que, en ese caso, el otro espera de usted iniciativas y el reparto de responsabilidades para llevar a buen término la entrevista. Lo que no significa en absoluto que esté por ello dispuesto a ponerse completamente en sus manos. Por consiguiente, el encontrarse con un territorio abierto no quiere decir que usted pueda conducirse en él como un elefante en una tienda de porcelanas.

Cuando se penetra en territorio ajeno sin ser esperado, los primeros instantes son muy delicados. Éste es el problema con el que se enfrenta permanentemente el representante de la venta a domicilio. Cuando se abre la puerta sólo dispone de unos instantes para solicitar la atención,. exponer sus argumentos, suscitar la disponibilidad. Para evitar condensar así en breves instantes un mecanismo que, en la vida social, lleva normalmente mucho más tiempo, conviene atenerse a las normas: introducir una nota en el buzón o por debajo de la puerta para anunciar una próxima visita, llamar por teléfono, entregar en mano un primer documento y anunciar una segunda visita, etc. De este modo se evita la casi forzosa invasión que puede dificultar esta profesión, ya que el piso, la residencia, es clara y generalmente el territorio más celosamente guardado.

¿Cómo defiende usted su territorio?

Una cita de trabajo puede desarrollarse también en sus dominios, en su despacho. En este caso usted tiene que pensar en el efecto que producirá a su visitante la forma en que usted defiende su territorio. Si permanece usted en su mesa y espera a que él llegue hasta usted, levantándose solamente para saludarle e invitarle a sentarse, su visitante se va a sentir incómodo, lo cual va a inhibirle, perturbarle en su elocuencia, producirle la impresión inmediata de que la entrevista está abocada al fracaso. Y, por el hecho mismo, lo estará. Si es eso lo que usted desea, perfecto. Si no, es que usted no percibe la importancia de ese «sentido territorial» para usted y para los demás; sin duda, la distancia que pone entre usted y ellos es una forma de protegerse.

Si, por el contrario, usted va a buscar a su visitante a la puerta y se instalan ambos no a uno y otro extremo de la mesa de despacho, sino en un lugar apropiado para la conversación (pueden ser simplemente dos sillones colocados frente a frente), él se sentirá inmediatamente cómodo y confiado, lo que representa una ventaja para usted. Sin duda, usted ya habrá observado esto, ya que cada vez son más los despachos, incluso modestamente instalados, que disponen de un lugar preparado para las visitas, un «rincón de acogida», generalmente asientos en torno a una mesa baja. Cualesquiera que sean los caracteres o los problemas, el contacto se ve siempre inmediatamente facilitado.

El tiempo de aclimatación en terreno neutral

Es frecuente también que las entrevistas tengan lugar en un territorio común. Parece que ésta sea una forma de evitar las susceptibilidades territoriales de unos y otros; por ejemplo, las comidas de negocios, los seminarios en el campo, las negociaciones en «terreno neutral», etc.

En tales casos, todo el mundo se encuentra en terreno desconocido, ajeno, y es necesario un tiempo para habituarse a él, para tomar posesión. Así, en las comidas de negocios, se emplean varios minutos en instalarse, mirar la decoración, leer y encargar el menú, hablar de esto y lo otro. No hay que intentar, sobre todo, reducir este tiempo de aclimatación: es indispensable. El asunto principal no debe abordarse hasta que todo el mundo comience a sentirse en su casa.

El domicilio familiar: ¿de quién es el territorio?

Pero el territorio común más normal para todo el mundo es el domicilio familiar. Ya hemos mencionado en la sección precedente el problema del regreso cotidiano al hogar, pero, para acabar de comprenderlo, intentemos ver qué ocurre desde el punto de vista del territorio.

Para una mujer que permanece en el hogar, la casa, el piso es su único territorio y, durante una buena parte del día, ella es la única encargada de mantenerlo, «marcarlo», cuidarlo. Sin ser claramente consciente de ello, ella se siente no ya copropietaria, sino, en el fondo, la única propietaria.

¿Qué ocurre cuando el marido regresa? Durante unos instantes está obligado a realizar todo un ritual, como si penetrase en un territorio extraño: anunciar su llegada (tocar el claxon, pulsar el timbre, incluso es frecuente la llamada por teléfono un momento antes de su llegada), quitarse rápidamente los zapatos «para no ensuciar», ir hasta la habitación (cocina, cuarto de los niños) donde se encuentra su mujer, etc. La mayoría de las veces el hombre reacciona construyéndose un subterritorio al que se dirige inmediatamente después: jardín, garaje, taller de bricolaje... La televisión puede ayudar a desactivar este tipo de problemas: la pequeña pantalla ofrece una prolongación muy considerable al territorio de cada uno. Pero, cuando el contacto sigue siendo insatisfactorio, el hombre tiende a aplazar el momento en que debe afrontarlo. Construye entonces su subterritorio fuera del domicilio familiar: café, bolera, club, etc. Los hijos, particularmente durante su adolescencia, están con frecuencia poco seguros de sus propios derechos sobre el domicilio familiar: esto hace que retrasen lo más posible su regreso y, tan pronto como llegan, se encierran en su habitación. Cuando el nivel social de la familia no ofrece a cada uno de sus miembros la posibilidad de tener su propio territorio, los conflictos resultan inevitables.

La jerarquía: un territorio vertical

Vamos a ver ahora el papel que juega en todo contacto humano la «posición» jerárquica y social: se trata, de hecho, del territorio vertical.

Tres sociólogos norteamericanos, Newcomb, Turner y Converse, materializan así las principales distancias jerárquicas:

    ┼ director general de la empresa;

    ┼ director;
    ┼ director adjunto;

    ┼ contramaestre, jefe de taller;
    ┼ obrero especializado;

    ┼ peón;

En esta «escala» vemos que la dificultad de contacto es tan grande entre director adjunto y contramaestre como entre obrero especializado y peón.

En efecto, hay que ser plenamente conscientes del fenómeno siguiente: el contacto es tanto más fácil y frecuente cuando se pertenece al mismo nivel jerárquico. Cuando dos iguales o dos próximos en la jerarquía se reúnen es cuando el contacto puede ser, desde los primeros minutos, más elaborado, cuando el arte del contacto humano adquiere toda su dimensión. Cuanto mayor sea la distancia jerárquica, mayor es la tendencia de ésta a impedir el contacto real: cuando un director general se encuentra con un peón no tienen nada que decirse. Éste es uno de los problemas más embarazosos de la sociología contemporánea: todo ocurre como si cada uno de nosotros no apreciara, no frecuentara, no se reuniera más que con sus iguales. Así ocurre, en cualquier caso, en nuestra civilización occidental.

¿La solución china?

Ante este grave problema algunos proponen la solución china: parece ser, en efecto, que en China el problema ni siquiera se plantea. Pero, por una parte, habría que estar seguros de que esto sea cierto y, por otra parte, habría que hacer la revolución... Entre tanto, veamos si existen soluciones más prácticas al alcance de todos.

Primer principio: El que desea un contacto más profundo es quien debe hacer esfuerzos durante los primeros minutos de la entrevista. ¿Qué clase de esfuerzos?

Segundo principio: Hay que hacerle hablar al otro interesándose realmente por lo que dice.

Tercer principio: Todos los hombres son semejantes... Éste es tal vez uno de esos principios generales que parecen de mal gusto intelectual. Y, sin embargo..., la psicología individual se aplica en todos los casos sin preocuparse del escalafón jerárquico. ¿Y qué ocurre en lo concerniente a las «posiciones» sociales? Hubo civilizaciones, épocas, en las que estas posiciones estaban claramente señaladas mediante vestimentas particulares. Actualmente, en una sociedad relativamente abierta, ¿cómo indica uno su posición social? A menudo es el lenguaje el que, desde los primeros instantes del contacto, nos informa al respecto: éste es el tema central, por ejemplo, de la famosa obra de G. B. Shaw *Pigmalión,* donde vemos a un distinguido «gentleman» intentando transformar el argot «cockney» (jerga londinense) de una florista en lenguaje «chic», para cambiar así a la propia mujer.

Cuidado con los prejuicios

A propósito de las posiciones sociales es como mejor se ve hasta qué punto los prejuicios obstaculizan los contactos humanos: cada uno de nosotros tenemos una determinada idea de las personas con las que es posible el contacto y de aquellas con las que no lo es, por razones de entorno profesional, de nivel de instrucción, de filiación política, etc. Se trata de obstáculos muy fuertes que, generalmente, apenas nos preocupamos de superar. ¿Qué hacer para establecer pese a todo el contacto si las circunstancias nos obligan a ello? Hay que razonar realmente en términos de territorio: cada uno plantado en el suyo, conviene encontrar un terreno neutral, un tema sobre el que sea posible un acuerdo totalmente fuera del conflicto latente. Porque, si éste se plantea de entrada, estallará rápidamente. Si, por ejemplo, siendo usted conservador, se encuentra, por una u otra razón, frente a un socialista, no se lance inmediatamente a una discusión política, los dos son apasionados y convencidos de sus ideas. Desde los primeros instantes cada uno de ustedes se pondría a monologar y la continuación carecería de interés. Intente comunicar primeramente en otro campo.

La accesibilidad a la comunicación

De todas formas, ya se trate de territorio material o social, el problema puede plantearse en términos de «accesibilidad a la comunicación», término de la jerga psicológica. Para nosotros, para mí, para todos nosotros, ¿qué es lo que esto significa? Que no se puede comunicar, tener un contacto, más que con gentes que nos parecen «accesibles». Y que, inversamente, los otros no irán hacia usted, hacia mí, más que si nos sienten «accesibles». Le hemos visto: es un igual. Si en principio no lo es, en un sentido jerárquico o social, podemos hacer que lo sea; si, en lugar de decirnos: «es un hombre poderoso» o: «es una mujer rica», etc., nos decimos: «la afectividad predomina en él», «tiene un mentón voluntarioso» o «su mirada esquiva, ella desearía estar en otro lugar», nos sentiremos inmediatamente sobre terreno sólido, por ser común al otro y a nosotros. Ésta es una forma de acercar el sillón a la mesa demasiado alejada.

¿Cómo conseguir esta accesibilidad?

Ofreciendo a los demás su propio «rincón de acogida», por retomar esta metáfora, es decir, saliendo un poco de su papel estricto y descubriendo ligeramente otras facetas de su personalidad, usted tendrá un aspecto un poco más vulnerable, que no asuste. Pero no hay que excederse en el empleo de este procedimiento: como hemos visto anteriormente, los demás esperan que usted desempeñe lo mejor posible su papel; de padre o de madre, de jefe o de subordinado, de intelectual o de manual, etc. Pero es excelente, desde el principio, matizar su retrato y mostrar que hay en usted otras cosas —que inicialmente sólo se sugerirán, que quedarán en un segundo plano—. Por ejemplo, usted puede hablar de su «hobby» o de un espectáculo que ha visto recientemente, revelar un pequeño secreto o algo que se tome como tal sobre su entorno social o profesional, etc. Esto produce el efecto de que usted abre una puerta sobre su personalidad, de que le concede al otro el derecho a penetrar en su territorio privado.

LA CORTESÍA

A fin de cuentas, uno tiene la impresión de que el arte de los contactos humanos es tan complejo que parece muy difícil de dominar. Ahora bien, hemos visto que el arsenal psicológico (rasgos del rostro, signos del humor, sentido del territorio) permitía adquirir rápidamente un ojo clínico muy eficaz. Y todo el mundo puede adquirir este ojo clínico. Pero, ¿después? ¿Cómo aplicar estos conocimientos teóricos? Muchas personas, aun siendo perfectamente conscientes de lo que deberían hacer durante los primeros minutos cruciales de tal o cual entrevista, tienen grandes problemas para pasar a la acción, para decir en el momento apropiado lo que creen claramente que deberían decir.

La cortesía no ha muerto, pero la etiqueta sí

El procedimiento es la cortesía. Podría creerse que la palabra y la cosa han pasado de moda, que la cortesía ya no se adapta al estilo moderno de la comunicación humana. En realidad, lo que ha quedado caduco es toda la parte de la cortesía que constituye la etiqueta. Es decir, las prescripciones absolutamente imperativas, de las que no es posible apartarse so pena de ridículo o incluso de desconsideración: tenemos, así, esas interminables listas de los antiguos manuales de urbanidad y buenos modales, que tienen todavía fuerza de ley y que son como una especie de «código civil», tan complejo y farragoso como el auténtico.

¿Cómo retener todas esas normas y utilizarlas en el momento oportuno?

Liberada de esa penosa etiqueta, la cortesía aparece entonces perfectamente adaptada a la psicología moderna. En el fondo, la cortesía está constituida por viejas y acertadas intuiciones sobre la forma en que los hombres deben comportarse entre sí. Y, algo aún más relevante, estas reglas fundamentales de «cortesía» las encontramos también entre los animales.

Veamos, pues, cuál es la cortesía de los cinco primeros minutos de una entrevista; se centra en dos puntos esenciales: la acogida y la definición de la situación.

En lo que se refiere al primer punto, hay tres tipos de acogida que usted debe obligatoriamente realizar desde el inicio mismo del contacto: verbal, gestual, relacional.

Lo importante es decir que se está contento

Primero, la acogida *verbal*. Hay que expresar satisfacción, no el
«encantado de verle» murmurado de forma apenas audible y difícil-
mente creíble. Siempre es posible encontrar una fórmula adaptada a la
situación: «hace tiempo que deseaba verle», «esperaba impaciente su
llegada», «me alegro de verle en tan buena forma», etc. Las frases
deben pronunciarse de forma clara: entonces, se tratará de una auténtica conversación y no de una fórmula en el aire. El resultado es siempre muy positivo.

¿Por qué? A ciertas personas les repele la infalibilidad de este
modo de actuar: es demasiado fácil, dicen, es hipocresía. Pero podemos echar mano de una prestigiosa referencia: Giraudoux, quien, en
L'Apollon de Bellac, aconseja a las mujeres que digan a los hombres
a los que pretenden seducir que son muy guapos. Los hombres lo
creen, y son seducidos...

Quizás, efectivamente, la cortesía sistemática al inicio de una entrevista pueda parecer hipócrita, pero esa impresión desaparece rápidamente: una persona a la que se recibe amablemente y a la que se
le expresa el placer que uno siente al verla va a sentirse gratificada y,
por consiguiente, va a conducirse recíprocamente de manera muy positiva, de manera que usted acabará por pensar realmente lo que inicialmente no pensaba en realidad. Esto nos hace recordar el consejo
de Pascal: «Rece primero, y pronto usted creerá.»

Pero emplee fórmulas acertadas y adaptadas a la persona a la que
van dirigidas. Un hombre discreto e intelectual no apreciará cumplidos
sobre su indumentaria. Un colega con el que usted esté ligeramente
enfrentado aceptará una breve amabilidad, pero pensará que se está
burlando de él si usted las prodiga. Un superior considerará que los
cumplidos excesivos son propios de un torpe cortesano, etc. Aquí es
donde la psicología resulta absolutamente indispensable para ayudarle
a encontrar la mejor fórmula para cada ocasión.

Segundo punto: la acogida a través de los gestos. Esto se llama
saludar. Y se efectúa con la mano. Desde el comienzo del mundo. «Es
preciso que este gesto tenga algo de natural...» Como si realmente la
palma de la mano abierta, ofrecida, tocada, fuera el gesto mismo, el
único en suma, de la comunicación y del encuentro. Es un hecho cierto
que, de una forma o de otra, en todos los países y civilizaciones, las
gentes se saludan con la palma de la mano.

Actualmente, en nuestra civilización occidental del siglo XX, utili-
zamos dos formas principalmente: el apretón de manos, más bien eu-
ropeo (palma sobre palma), y el saludo a la americana (brazo flexio-
nado, mano a la altura del hombro, palma orientada hacia el otro, y
todo ello acompañado de un «¡hello!», «¡chao!», etc.).

Un gesto que obliga a la reciprocidad

Las palmas de las manos sirven también para hablar con Dios: unidas, entre los cristianos; apoyadas en el suelo, entre los musulmanes; yendo de la frente a la boca y al corazón, entre los hindúes. El que bendice y el que cura impone las palmas de sus manos. El guerrero, el soldado que se rinde levanta sus brazos y muestra las palmas. Se obliga a ese mismo gesto a un bandido al que se detiene o a una víctima a la que se amenaza.

No acabaríamos nunca de citar todos los ejemplos posibles. ¿Es interesante buscar el significado original exacto de ese gesto? Los especialistas dudan entre dos explicaciones: la que sería la simbolización de la ofrenda de comida o la que desea mostrar que no se llevan armas.

Sea como fuere, ese gesto se presta a una vasta gama de intensidad: puede ser simplemente convencional («siéntese, por favor», indicando descuidadamente con la palma de su mano el sitio ofrecido) o bien excesivo y a veces sospechoso (un apretón de manos demasiado largo, una mano que se agarra al brazo del interlocutor).

De todas formas, este gesto obliga a la reciprocidad: ante una palma abierta mostrada o extendida, hay que mostrar o extender la propia palma.

Acoger bien = ofrecer

Tercer punto: la acogida *relacional*. La cortesía recomienda como signo mismo de esta acogida la ofrenda de un «alimento»: de hecho, algo de beber la mayoría de las veces. Siempre se puede comenzar una reunión compartiendo un café, una bebida refrescante, una copa o incluso un cigarrillo. Semejante ofrenda y semejante coparticipación hacen que posteriormente la entrevista se desarrolle mejor. Sin duda, éste es un gesto que se remonta muy atrás en la evolución de los seres vivos.

En el plano práctico, ¿cómo proceder? La ofrenda es obligatoria cuando se reciben amigos o conocidos en casa: éste es el momento que marca, junto con los saludos, el inicio mismo de la reunión. En la vida profesional las recomendaciones de la cortesía son mucho menos estrictas: comenzar así es mostrar que se actúa y que se está como en casa. Omitir esta clase de ofrendas es situarse en un plano puramente profesional. Algunos, deseosos de entablar estrictamente la relación, pero preocupados también porque exista un buen contacto humano, dejan para más tarde el ofrecimiento de «alimentos», a modo, en suma, de descanso y distracción. Si éste es el caso, siempre se puede, cuando la reunión va a ser larga, anunciar este futuro refrigerio desde el primer momento («habrá una pausa y refrescos a tal hora»): este anuncio siempre tranquiliza. En la vida profesional corriente ofrecer cigarrillos o caramelos puede ser suficiente.

El arte de no molestar a los demás

Tras la acogida, la definición de la situación. Siempre hay una u otra razón para la entrevista. ¿Hay que decirla? ¿Cuándo y cómo? Los consejos de la cortesía, en el sentido amplio del término, son en este caso muy valiosos: el principio es no poner en apuros a los demás. ¿Qué es lo que perturba a los demás? En general, lanzarse inmediatamente al motivo de la entrevista. Se puede, pues, decir que, en la mayoría de los casos, no hay que hablar de este motivo durante los cinco primeros minutos.

Demorar lo que uno tiene que decir es un procedimiento que no complace a todo el mundo: algunos temen perder precisamente su tiempo, pues o bien se han concentrado antes de la entrevista y se sienten inmediatamente dispuestos o, de todos modos, no les gusta andarse con rodeos. Pero el tiempo que se pierde al principio se recupera a continuación: así, en el boxeo hay un primer asalto llamado de «observación». Lo mismo ocurre con los contactos humanos: se pueden emplear estos cinco primeros minutos —al menos, una buena parte— en «observar», en intentar ver quién es el otro, cuál es su humor en ese momento y en ejercitarse uno mismo en hablar y actuar aparte del motivo concreto de la entrevista, de la cita, de la reunión. Mas, si por una u otra razón, uno desea plantear el problema desde los primeros instantes, ¿qué aconseja la cortesía? Pedir primeramente al otro que exponga el problema a su manera. La cortesía se junta aquí con la psicología de las relaciones humanas: se está más en posición de fuerza cuando nos preguntan que cuando preguntamos.

Vemos, pues, que, en definitiva, la cortesía bien entendida, lejos de ser un obstáculo para una mayor autenticidad del contacto humano, es la condición principal de éste, particularmente, al principio, durante los primeros minutos.

Capítulo 4

Los últimos consejos antes de actuar

He aquí cuatro personas muy diferentes, como las que nos podemos ver en la necesidad de encontrar todos los días. Antes de pasar revista a esas posibles reacciones que puede usted tener en su presencia, deducidas de su propio carácter, veamos cómo se puede hacer un análisis objetivo muy rápido: echar un primer vistazo morfopsicológico, eficaz y exacto.

I. Esta joven tiene un rostro en forma de óvalo alargado = introversión.

La zona del contacto y de la afectividad es muy claramente dominante = sensibilidad y sentimiento.

Ojos, nariz y boca bien abiertos = se interesa por los demás y por el mundo. Frente medio disimulada por un amplio flequillo = cierta dificultad para integrar la vida intelectual al resto de la personalidad (sin duda, detrás del flequillo, la frente es grande). Jersey de cuello alto, amplio, confortable = inseguridad, deseo de protección.

II. El rostro de Catherine Paysan, la célebre autora de *Nous autres, les Sanchez* y de *Les feux de la chandeleur,* es ancho, casi cuadrado = extroversión.

Dominio de la zona baja del rostro = energía y fuerte actividad.

Cejas pobladas = vitalidad.

Zona del nacimiento de la nariz lisa = mucha intuición.

Párpados inferiores con pliegues = entusiasmo.

Nariz ancha y abierta = sensualidad equilibrada.

Boca muy ancha = se interesa por muchas cosas.

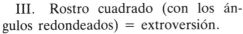

Peinado que permite ver todo el rostro = autenticidad y seguridad.

III. Rostro cuadrado (con los ángulos redondeados) = extroversión.

Igualdad entre las tres zonas del rostro = equilibrio.

Arrugas en la frente y sienes ensanchadas = ligero predominio cerebral.

Cejas pobladas y rectas = realización, observación.

Arrugas en el rabillo del ojo = entusiasmo, encanto.

Principio de bolsas bajo los ojos = posibilidad de depresión.

Nariz bastante larga y ancha = cierto deseo de dominar.

Boca carnosa = placer de vivir.

Oreja con el pabellón dominante y separada = pensamiento original.

IV. Rostro alargado = introversión.

Frente amplia y abierta por encima de las sienes = imaginación.

Arrugas muy marcadas en el nacimiento de la nariz = gran aplicación.

Cejas cortas = carácter primario (aptitud para vivir el presente).

Arrugas en el rabillo de los ojos = entusiasmo.

Fosas nasales abiertas = sensibilidad.

Oreja derecha = atención, inhibición.

Mejillas más bien aplastadas = afectividad poco desarrollada.
Boca rectilínea = actividad.
Mentón alto = lentitud de reacciones.

En el cuestionario inicial que abre este libro, «¿Cuál es su tipo de contacto humano?», hemos destacado cuatro tipos caracterológicos de la comunicación:

— el tímido,
— el agresivo,
— el observador y,
— el encantador.

En esta fase de la lectura, donde ya hemos visto los diversos componentes de los cinco primeros minutos de todas las entrevistas (la morfopsicología, la lectura del humor, la utilización del lenguaje, la acción y la reacción), es necesario volver sobre la clasificación inicial y ver cómo el tímido, el agresivo, el observador y el encantador pueden utilizar de la mejor forma posible todos estos conocimientos para tener un mejor contacto humano.

El arte del primer golpe de vista

Y, ahora, ¿cómo va usted a reaccionar ante estas cuatro personalidades según su propio carácter?

Pero, ¡cuidado!: el hecho de que estos rostros estén aquí en fotografía le permite a usted tomarse todo el tiempo necesario para examinarlos y hacer un análisis completo.

En la vida normal no siempre es posible efectuar un examen tan detallado. Y no hay, pues, que limitarse únicamente a los rasgos del rostro: el cuerpo, las mímicas, la indumentaria, los gestos, la actitud, la voz, aportan datos a menudo tan fuertes y significativos.

Foto I. *Si es usted tímido*, retendrá de esta joven que ella es, también, más bien tímida, aun cuando su comportamiento sea probablemente contradictorio. Como ella es sensible y afectiva, el contacto entre ustedes será seguramente fácil: no sentirán la necesidad de protegerse mutuamente el uno del otro.

Si es usted agresivo, va a tener ante sí a alguien relativamente vulnerable. Esta joven va a cerrarse y a sentir deseos de huir ante su comportamiento: la comunicación va a ser difícil, superficial, mientras usted mantenga una actitud de fuerza.

Si es usted observador, la relación entre usted y ella es posible, ciertamente, pero ella va a estar un poco fría. Los primeros minutos serán prudentes, pero los siguientes probablemente también. Su falta de calor humano será claramente percibida.

Si es usted encantador, topa con un sujeto ideal y muy fácil. Ella será permeable a toda amabilidad, a todo testimonio afectivo, en los primeros compases de la entrevista. Pero no se fíe: ella conservará seguramente una reserva de desconfianza, para poder replegarse en sí misma.

Foto II. *Si es usted tímido,* va sobre todo a fijarse —y a quedar asustado— ante tanta actividad y vitalidad. Usted corre el riesgo de verse un poco sumergido por esta clase de personalidad, pero sobre todo en los primeros minutos. Posteriormente, podrá expresarse mejor y en condiciones de mayor igualdad.

Si es usted agresivo, va a encontrar una adversaria a su medida. La relación se establecerá rápidamente como un duelo, pero en un estilo más de torneo animado y simpático que de combate.

Si es usted observador, va a agradarle mucho, ya que ella estará encantada de poder expresarse abundantemente ante alguien con buena disposición y que sabe escuchar. El contacto inmediato será bueno.

Si es usted encantador, corre el riesgo de encontrarse rápidamente en la situación del encantador encantado, ya que va a encontrar muchas dificultades para maniobrar y manipular como de costumbre.

Foto III. *Si es usted tímido,* va a encontrarse ante alguien que tendrá tendencia a hacerle sentirse cómodo, por su carácter activo controlado por la reflexión. Pero usted corre el riesgo de encontrarle demasiado «adaptado», demasiado equilibrado y de admirarle, lo que generará, al menos al principio, la comunicación.

Si es usted agresivo, el conflicto no se declarará inmediatamente: él intentará primeramente comprender por qué es usted agresivo, y los cinco primeros minutos serán siempre, por tanto, un «asalto» de observación.

Si es usted observador, como va a encontrarse también ante otro observador, la comunicación comenzará muy lentamente y no sucederá nada de particular en los cinco primeros minutos. La relación necesitará tiempo para establecerse.

Si es usted encantador, como el otro opondrá de entrada una cierta resistencia, aunque manteniéndose dispuesto, usted va a sentirse estimulado y va a tener grandes deseos, más que de costumbre, de seducir.

Foto IV. *Si es usted tímido,* se sentirá desconcertado por las contradicciones (a la vez activo e inhibido). Tendrá usted la impresión de encontrarse ante una pared lisa. Pero no se sentirá usted asustado: sentirá que la relación puede ser, más adelante, profunda e interesante.

Si es usted agresivo, tropezará con una cierta habilidad para huir y para esquivar, y corre el riesgo de sentirse ridículo. Ante esta clase de personalidades es cuando la agresión permanente en los contactos humanos resulta más nociva.

Si es usted observador, él puede abrirse, pero no muy rápidamente: es preciso que esté seguro de que usted le observa de forma auténtica y de que es usted capaz de comprenderle.

Si es usted encantador, corre el riesgo de hacer grandes esfuerzos para nada. Puede ser, incluso, que él simule ser sensible a sus esfuerzos, pero, en su fuero interno, mantendrá una reserva de desconfianza.

La comunicación a través de la palabra

Muchos especialistas de la comunicación se alinean detrás del norteamericano Bales para considerar que sólo existen cuatro tipos posibles de reacciones verbales: las reacciones positivas, las negativas, las preguntas y las respuestas.

Y estas cuatro reacciones corresponden muy exactamente a los cuatro tipos de contacto humano puestos de relieve a través del cuestionario. Veamos, pues, lo que usted tiene tendencia a decir en los primeros minutos.

Si es usted tímido, usted es el que responde, es decir, que deja la iniciativa del intercambio verbal a su (o sus) interlocutor(es). Esta respuesta puede tomar diversas formas: usted puede emitir una sugerencia, un consejo, si se le solicita; usted puede dar su opinión, o puede incluso indicar una dirección, una orientación, del tipo de: «Creo que se podría hacer esto, abordar el problema de esta manera.»

Usted, es usted quien tiene la impresión de expresarse realmente, de decir lo que tiene que decir. Pero esa no es la impresión que tendrán los demás, puesto que son ellos los que tienen que «trabajar duro» para hacerle reaccionar. Es en esto donde su timidez resulta muy molesta para los demás; es como si usted dejara permanentemente la responsabilidad de la relación a los demás.

Por eso, durante los primeros minutos, no se contenta ya con hablar únicamente si le preguntan. Siempre podrá intentar, por lo menos, plantear a su vez algunas preguntas.

Si es usted agresivo, emite inmediatamente reacciones verbales negativas. Por principio, usted dice de entrada: «No estoy de acuerdo», de una forma o de otra. Se siente el oponente del otro y expresa ese antagonismo. Lo que usted quiere, para comenzar, es crear tensión. «Por mi parte, dice usted, yo no plantearía el problema de este modo», o bien: «Sé que no va a estar usted de acuerdo», o bien: «Es preferible comenzar por decir lo que no va bien», etc.

Esta forma de actuar, o más bien de decir, puede ser estimulante para personalidades tónicas y sin ansiedad. Pero, generalmente, usted provoca reacciones excesivas: bien el otro se replegará y rehuirá un combate para el que no se había preparado y que no desea, o bien se sentirá herido en su amor propio y responderá con agresividad. ¿Qué puede hacer para corregirse? Verificar y controlar su vocabulario cuando se prepara para entrevistarse con alguien: intente prohibirse pronunciar palabras negativas, como desacuerdo, dificultad, imposible, mala voluntad, desunión, conflicto, etc., y, en cambio, pronuncie expresiones positivas. No crea que por ello va usted a perder su «punch»; sin embargo, los demás tendrán una mejor visión de usted.

Si es usted observador, usted es un «preguntón». Entrevistarse con usted es padecer un auténtico interrogatorio: usted solicita la opinión del otro, lo que piensa de la situación, lo que quiere; usted desea que el otro se comprometa, antes de hacerlo usted mismo.

El aspecto positivo de esta actitud es que usted sabe escuchar inmediatamente, lo que es cómodo y tranquilizador para los demás. Pero también tendrán la impresión de estar un poco como obligados a hablar y, por consiguiente, de estar en situación de examen. Puede ocurrir entonces que, según los casos, sean poco naturales, mientan, que estén intimidados o que digan algo muy diferente de lo que tenían intención de decir.

Sería, pues, sin duda conveniente que al principio de la entrevista usted no se contentara con preguntar y escuchar, sino que también hablara y se expresara. Esto facilitaría mucho la relación.

Si es usted encantador, abunda en relaciones positivas: usted es inmediatamente solidario con su interlocutor, está de acuerdo con él, actúa para eliminar las tensiones, particularmente, bromeando y suscitando la risa. De hecho, con el humor y las bromas es como usted comienza todas sus reuniones, incluso cuando no hay ningún conflicto aparente. Esto es divertido para todo el mundo, y el contacto con usted es muy agradable.

Pero, en los casos en que existe un problema real, su manera de actuar puede interpretarse como superficial e irresponsable: los otros consideran que usted huye así de la dificultad. Aunque se dejen llevar por su encanto, posteriormente puede que no tengan una opinión demasiado buena de usted.

Lo que puede hacer es intentar distinguir los casos en los que puede ser amable, anodino, alegre y aquellos en los que no debe apresurarse en estar, por norma, de acuerdo.

La jerarquía: los más, los menos, los iguales

El principal obstáculo para lograr un auténtico contacto humano es que los interlocutores se aborden convencidos de que no están en situación de igualdad; la desigualdad puede ser jerárquica (en la vida profesional), social (los ambientes y los orígenes son diferentes), individual (se considera al otro más o menos inteligente, equilibrado, viejo, etc., que uno mismo).

Al igual que en el deporte, la comunicación sólo se establece realmente bien entre iguales, entre jugadores de la misma categoría. Pero, en el contacto humano, la igualdad no tiene por qué ser concreta y material: está sobre todo en la percepción que se tiene del otro y en el comportamiento que se adopte ante él. Volvamos, pues, a los cuatro caracteres del cuestionario.

Si es usted tímido, usted clasifica jerárquicamente a las personas según el grado de timidez que sienta ante ellas. Si se siente muy tímido ante alguien, usted le considera fuerte, poderoso, capaz, etc., es decir, antipático para usted. A la persona ante la que se siente muy poco tímido la considerará débil, vulnerable, modesta, etc., es decir, simpática.

Por una parte, todo el posterior desarrollo de la relación depende, pues, de esta primera percepción del otro. Por otra, esta percepción adultera obligatoriamente los valores: a fuerza de preferir los débiles a los fuertes, usted tendrá tendencia a no querer entrevistarse más que con los débiles, lo que es muy poco tónico.

Para corregir esta segregación inhibidora procure estar en posición de fuerza más a menudo: reciba a los demás en su territorio antes que ser recibido en el de ellos, intente estar bien informado sobre las personas con las que debe entrar en contacto para no dejarse llevar por su imaginación en lo que a ellas respecta; aprenda a distinguir signos de debilidad en los fuertes y signos de fuerza en los débiles, particularmente, a través de la morfopsicología.

Si es usted agresivo, sabe que su tendencia es a ser tanto más agresivo cuanto menos sea el otro: menos alto, menos rico, menos inteligente, etc., lo que le lleva a usted a despreciar a mucha gente y a pensar frecuentemente que los demás son... «tontos». En cambio, con los que son más, usted se contiene, lo que le lleva a estar irritado contra ellos, al resentimiento y a poner el grito en el cielo. Usted vive, pues, en una especie de tensión permanente. Abordar a los demás, para usted, es intentar ganar y temer perder. Esto puede hacerle estar en un estado de angustia permanente, incluso ocasionarle enfermedades.

Mas no intente por ello curarse de su agresividad, sino de su exceso de agresividad. Este exceso es lo que es duro de soportar y lo que resulta desagradable para los demás. Sin embargo, un toque de agresividad es muy estimulante en la mayoría de las ocasiones y es lo que da vida a los contactos humanos.

Si es usted observador, usted es de esas personas a las que menos afectan los problemas jerárquicos para abordar a los demás. Usted se limita a constatar la realidad tal cual es y a actuar y hablar después en consecuencia. Esta objetividad es, efectivamente, muy loable, en el sentido en que le facilita mucho la vida y suprime muchos motivos de inquietud para usted y para los demás. Pero, por otro lado, esta percepción tiene tendencia a anquilosar su estilo de relaciones humanas: usted no olvida nunca que tal persona es más que usted y que tal otra es menos.

Quizá deba usted poner más calor y disposición personal en su actitud observadora y no clasificar a la gente tan rápidamente.

Si es usted encantador, su tendencia es querer subyugar tanto más a las personas cuanto más alejadas y diferentes sean de usted; la distancia entre ustedes es lo que más le motiva, ya sea en el sentido *más* o en el sentido *menos.* Usted hace los mayores esfuerzos con el «muy superior» y el «muy inferior».

Esto le hace tener un estilo de contacto humano extremadamente agradable para usted y para los demás. Pero el peligro reside en que eso le produce una tendencia a buscar a la gente con personalidades un poco marginales o a querer a toda costa seducir a los que no le aprecian, o a desanimarse cuando el otro es demasiado rápidamente (y demasiado) sensible a su comportamiento. De modo que el contacto humano se convierte para usted en una especie de deporte, usted se interesa mucho más por la forma que debe adquirir inmediatamente una relación que por el contenido y el fondo. Intente razonar su encanto, pues corre el riesgo de crear rápidamente unos vínculos demasiado efímeros y, a la postre, de fracasar.

Hacer cambiar de opinión

Si hacemos un examen de conciencia, sabremos que, la mayoría de las veces, lo que deseamos más fuertemente durante los cinco primeros minutos es hacerle cambiar de opinión al otro o, en cualquier caso, que la opinión del otro y la nuestra se ajusten: discusiones privadas, ventas, reuniones de trabajo, etc. Ahora bien, el óptimo resultado de esta ambición depende fundamentalmente de la forma en que comencemos la reunión.

El tímido piensa que no puede o que no quiere cambiar la opinión del otro, convencerle, hacerle admitir su propio punto de vista, y se abstiene, pues, al principio, tanto de definir las opiniones presentes como de decir lo que piensa hacer al respecto. Es, pues, una actitud de neutralidad, pero de neutralidad aparente. En realidad, en la medida en que el tímido renuncia desde el primer momento a convencer al otro, tanto más decidido está a no dejarse convencer él. Esto es lo que hace que el contacto con los tímidos sea tan desmoralizador: los otros tienen la impresión de que, de todas formas, nada se puede decir o hacer para establecer un debate real. Y cuando un tímido se decide a dejar de serlo, cae en el exceso contrario y puja en agresividad.

¿Qué puede hacer un tímido para remediar todos estos inconvenientes? Continuar no pretendiendo hacer cambiar a los demás de opinión, pues este sentimiento está muy enraizado en él, y tomar la precaución de anunciar rápidamente esta no beligerancia.

El agresivo, por el contrario, se presenta diciendo: «Sé que usted piensa esto o aquello. Pero yo voy a demostrarle que está equivocado.» Y, de la misma, se lanza al ataque. Esto le da muchas veces sus resultados, en todos los casos en los que los otros retroceden ante la idea de entablar el combate. Pero es un contacto bien penoso: los que todavía no conocen al agresivo pueden dejarse llevar, pero los que le conocen tienen tendencia a temer, en mayor o menor medida, el contacto con él y pasan los primeros minutos bien intentando desarmarle, bien derivando claramente hacia la agresividad.

¿Qué puede hacer el agresivo para remediar todos estos inconvenientes? Él no puede dejar de tomarse todas las entrevistas como un combate en el que debe ganar, pero puede aprender a abstenerse de anunciarlo desde el principio. La experiencia —y la reflexión de los especialistas— demuestra que este anuncio inicial tiene, las más de las veces, un resultado opuesto al deseado. Así pues, aunque sólo sea sobre el estricto plano de la eficacia, prudencia.

El observador toma generalmente esta actitud: comienza diciendo que va a respetar la opinión de los demás. En general, él lo piensa efectivamente; en cualquier caso, espera a haber observado lo suficiente para saber si podrá hacer cambiar al otro o no.

Hay que decir que se trata de una actitud estadísticamente poco extendida; por consiguiente, corre el riesgo de no resultar totalmente creíble. Los demás piensan que este modo de proceder es demasiado bonito para ser cierto, casi inhumano. Y desconfían sin razón. De modo que el observador siente enseguida esa desconfianza, cuyo mecanismo no siempre comprende.

¿Qué hacer? Si el observador sabe mentir, siempre puede simular que tiene ganas de convencer al otro, y decir: «No estoy totalmente de acuerdo con su punto de vista. Expliquémonos.» En todo caso, no debe alardear ostensiblemente de su condescendiente neutralidad, actitud propia de los psicoanalistas, pero muy poco adaptada, en general, en los contactos humanos ordinarios.

En cuanto al *encantador,* su objetivo en la vida es hacer cambiar a los demás, por nada, como deporte. Pero se cuida mucho de anunciar sus intenciones. Es un experto mentiroso que nunca se descubre en los primeros minutos.

Cuando no se le conoce, resulta difícil detectar la superchería, aunque un exceso de amabilidad y de declaración de conformidad siempre sea un poco sospechoso. Cuando se le conoce, como dice la expresión popular, se le ve venir de lejos, pero, aun así, uno corre el riesgo de caer en sus manejos y de verse convencido por él, incluso sin darse uno cuenta de cómo ha sucedido. ¿Debe el encantador cambiar algún aspecto de su comportamiento? No, en el caso de que dicho comportamiento no sea perjudicial ni para él mismo ni para los demás. Sí, evidentemente, en los casos en que la intención de convencer no se apoye en una conciencia moral a toda prueba. Aquí no se trata ya de un problema psicológico, sino de ética y de elección de valores.

Ser simpático y hacerse querer

¿Qué es lo que queremos de los demás desde el primer momento del contacto, les conozcamos o no? Que los demás se ocupen de nosotros, que, en los contactos humanos, el interés se centre positivamente sobre nosotros.

Hay que hacer, pues, la síntesis de todo lo dicho hasta el momento y extraer las aplicaciones para nuestro caso concreto.

Si es usted tímido, lo que molesta a los demás y les impide encontrarle simpático es su inhibición. Su inhibición está, sobre todo, terriblemente presente en los primeros minutos de la entrevista, y los interlocutores saben que deben superar ese primer obstáculo antes de establecer un auténtico contacto con usted.

Busque lo que le falta en agresividad. No se diga que usted no es agresivo: lo es, naturalmente, pero no quiere reconocerlo ni ante usted mismo ni ante los demás. Por lo tanto, no sería hacer teatro que usted abordara las reuniones de una forma un poco más enérgica, que planteara preguntas en vez de sólo responderlas, que explicitara su desacuerdo, o simplemente su opinión, en vez de no opinar cuando, interiormente, usted piensa otra cosa.

Si es usted agresivo, sazone, en cambio, su actitud con un poco de inhibición. Probablemente, usted es un tímido sobrecompensado; tal vez usted haya exagerado demasiado en su reacción contra sus propias inhibiciones. Intente recuperar algunas.

Y, también, no imagine continuamente que todo el mundo tiene algo contra usted y que no piensa más que en declararle la guerra. Es probable que no sea así; los demás no concentran su energía para, solamente, oponerse a usted.

Y no comience todas sus entrevistas gritando sus intenciones a los cuatro vientos. Aborde de vez en cuando a los demás sin decirles que quiere convencerles de esto o de aquello, demostrarles que se equivocan, asestarles sus verdades, las suyas. Verá cómo entonces la relación se desarrolla bastante mejor que de costumbre y cómo los demás le aprecian mucho más.

Si es usted observador, usted es de esas personas a las que se considera como frías, como demasiado frías para ser realmente simpáticas. Usted no siempre comprende que pueda provocar ese tipo de reacciones, pues, en el fondo, a usted le parece ser admirablemente objetivo y desinteresado. Pero sólo se puede querer a las personas realmente vivas, a las que se comprometen en la entrevista. Su actitud expectante, aun cuando sea estimada, no agrada. De manera que, en vez de estar siempre planteando preguntas, responda, sea menos objetivo: no retroceda ante la subjetividad. Atrévase a decir más a menudo: «para mí..., yo creo...». En los primeros minutos de una entrevista esto le permite al otro situarle de forma más clara y precisa. Y, en vez de preguntarse quién es usted —lo que siempre resulta inquietante—, su interlocutor podrá relajarse un poco y experimentar sentimientos más tranquilizadores.

Finalmente, *si es usted encantador,* es un especialista de la simpatía, puesto que su objetivo en esta vida es que le quieran. Usted sabe provocar inmediatamente sentimientos enormemente positivos en muchas personas.

Pero esta simpatía puede ser la mayoría de las veces superficial: los demás se dejan rápidamente llevar por su encanto, ríen con usted, charlan amistosamente, se relajan, pero porque tienen la impresión de que sólo es un juego.

Sin duda, usted es consciente de ello y reemplaza la calidad y la profundidad de sus contactos por la cantidad. En suma, es demasiado gasto de energía para, a menudo, escasos resultados. Modérese un poco..., de vez en cuando, en vez de querer actuar a todo trance sobre los demás en cuanto los tiene delante; intente observarlos, ser más pasivo.

Capítulo 5

Los trucos de los profesionales

Los cinco minutos del profesor Akoun

«La clase de filosofía goza de una situación muy particular en el instituto. El alumno la ve como un mundo aparte, lo que representa para el profesor de filosofía una posibilidad y un riesgo acrecentados. Lo que va a enseñar es totalmente nuevo y no tiene antecedentes en los años que preceden al último curso de BUP. Por eso, el primer contacto es realmente el primero, en el más estricto sentido del término. Es un comienzo absoluto.

Y los alumnos lo perciben, saben que la suerte —a menudo echada ya en las otras disciplinas— aquí no lo está. Ninguno de ellos se siente prisionero de un pasado de buen (o mal) alumno de filosofía y las antiguas jerarquías están, todas ellas, puestas en tela de juicio. A esto se añade que la filosofía está directamente relacionada con el bachillerato y que se vive como el inicio de la enseñanza superior.

Los primeros minutos tienen, pues, extremada importancia. Son, en cierto modo, fundadores de una historia y sus efectos marcarán el desarrollo de todo el curso.

Tal vez porque me gusta cuestionar las cosas y las situaciones antes que aceptarlas en su familiaridad, nunca he visto la clase como un espacio neutro donde se desarrollaría el intercambio organizado del saber entre un emisor (el maestro) y unos receptores más o menos... receptivos (los alumnos), sino como una historia que se va haciendo, un enmarañamiento, inesperado y nunca totalmente dominado, de inversiones psicológicas y de intereses de cada uno, tanto del maestro como de los alumnos. Sabiendo esto, me esforzaré en ser astuto, en no estar allí donde se me busca, en sorprender no respondiendo a las expectativas de los alumnos. Es éste un arte político: el arte de dividir y de seducir; impedir que el grupo se constituya ante ti y luego contra ti, sustrayéndole la posibilidad de reconocer en ti un papel, un personaje esperado. Decía que se trata de astucia. Se podría demostrar que ésta es la esencia misma de la filosofía y que ya Sócrates... Pero dejemos esas referencias y veamos la clase concretamente.

Me encuentro, pues, ante unos alumnos a los que todavía no conozco, pero que adivino la naturaleza de sus miradas. Encarnando para ellos la institución, delegado en mis funciones por la sociedad, aparezco a sus ojos como el sustituto del padre, y reactivo en ellos las respectivas actitudes de oposición y de seducción. Contra mí intentarán afirmarse algunos; de mí esperarán otros las pruebas de amor que reclaman.

Y, en una clase mixta, la cosa se complica. Conscientemente o no, las chicas van a poner a prueba su poder de mujeres para obligar al profesor a revelarse sexuado, luego débil.

Lo molesto es que ante esos múltiples deseos no me siento en modo alguno ese "dueño de mí mismo" que quiero parecer. Sé demasiado bien que mi poder está hecho de ilusiones y que todo él depende de su aceptación a dejarse gobernar y seducir.

Y, además, tengo mis propias dificultades. No estoy seguro de ser un profesor legítimo, y no un usurpador jugando a imitar a sus antiguos maestros sin lograrlo. ¿Sabré engañar a mi público y hacerle creer que soy lo que yo no estoy seguro de ser?

Así pues, expectativa curiosa, por un lado; angustia dinamizadora, por otro. El combate puede comenzar. Y, para vencer, voy a servirme rápidamente de todas mis debilidades, así como de las de ellos. Con un objetivo siempre: desconcertar, no dejarme atrapar nunca en una imagen estereotipada.

¿Mi autoridad? La abandono hipócritamente, sustituyendo la jerarquía institucional, que me hace maestro y que ellos están dispuestos a cuestionar, por una ilusoria democracia aristocrática en la que cada uno obtendría su poder sólo por sus capacidades para convencer o para demostrar: todos, yo incluido. Pero ¿cómo puedo yo dudar, en este aparente cuestionamiento de mi condición social, que no me haya dado todas las armas para triunfar y convertirme así en un "jefe" reconocido, aceptado, por ser el más competente? Jugando a no ser más que "un alumno entre los demás", sé perfectamente que nadie sabrá mejor que yo, en el aula, utilizar el arte de la palabra.

¿Mis tics? Sé que serán aprovechados para hacer un arma contra mí. Y ¿cómo librarse uno de sus tics? Pero éstos sólo son debilidades si parecen imponerse sobre mí sin yo ser consciente de ellos. Voy, pues, a demostrar que conozco mejor que nadie mis debilidades. Esas imágenes que ellos tienen de mí no me las roban, puesto que yo soy consciente de ellas. ¿Cómo podrían, entonces, devolvérmelas? Caricaturizando, si es preciso, escapo a la caricatura.

Las chicas: aquí más que en cualquier otra cuestión, hay que afrontar el reto. No desviar la mirada de una rodilla o de un seno generosamente mostrados. Aceptar, por el contrario, la provocación y, en caso extremo, darle las gracias a la que ofrece el espectáculo de su belleza. Sobre todo, no caer en la imagen del profesor intimidado por la juventud, el sexo, sus deseos. ¿El prejuicio contra la filosofía? Es el más fácil de eliminar. Recién salidos de la educación básica, los recién llegados esperan encontrar en la filosofía una disciplina sofística: clase de perorata y de falsas apariencias, de palabrería y de demagogia. Pero, muy rápidamente, se demuestra que la filosofía es una disciplina estructurada, que el filósofo no es ni un cura, ni un político, ni un sofista. La disciplina filosófica es parecida a la de las matemáticas; cuando su contenido desaparece, la forma queda. Así como el deporte da al cuerpo su porte, ella lo da al espíritu. Y la idea no de aprender una técnica, sino de devenir filósofo, responde al deseo narcisista e individualista de cada uno.

Pero, sobre todo, voy a imponer la idea de que el solicitante, en la clase, no soy yo. Yo no soy un actorzuelo en busca de público. Y muy pronto los alumnos se convencen de que, si yo no hablo, son ellos, y sólo ellos, los que salen perdiendo.

Estos son los dioses y las leyes que presiden los cinco primeros minutos. Éstos están bajo el signo de la astucia, del encanto y de la pugnacidad. Cuando todo funciona, la clase de filosofía se convierte en un espacio separado del instituto y de su monotonía. Se entra en ella, entonces, no como a cualquier otra clase, sino como a un espectáculo donde no se sabe quién está a un lado de las candilejas y quién al otro.»

Los cinco minutos del inspector Borniche

En la vida de un policía, donde todos son sorpresas, cambios de situaciones y réplicas a esos cambios, hay muchos cinco primeros minutos. Roger Borniche, el autor de *Flic story* (historia de un poli), habla de los cinco primeros minutos siguientes a la detención del sospechoso, del gángster, del asesino, perseguidos a menudo desde hace muchos meses.

«Los cinco primeros minutos, en este caso concreto, son absolutamente capitales. Son, es preciso que lo sean, el golpe que manda al adversario a la lona. Se trata de un momento que se nos presenta ahí, en esa coyuntura muy precisa del arresto, y que no se nos presentará dos veces.

Pero, para comprender bien lo que esos cinco primeros minutos tienen de crucial, hay que saber que son el desenlace de miles de minutos que convergen hacia el personaje que acaba de ser arrestado.

Tomo el ejemplo de Buisson, porque estaba el año pasado en todas las pantallas. Antes de detenerle, yo sabía todo sobre él. Me había dado tiempo a aprender todo de él. En realidad, un policía dispone de un arsenal enorme de información, por la vía de las investigaciones rutinarias, por la de los informadores. Todo está claro, en un caso como éste. Yo tenía en la mano una increíble cantidad de detalles. Tenía que escoger aquel que, en los cinco primeros minutos, tuviera todas las posibilidades de provocar en él el efecto de sorpresa, el desconcierto, la confesión. Y, debido a esto, apenas rodeado, en un hostal donde le habíamos cercado, tuvo ese derrumbamiento. Confesó haber disparado sobre los empleados del banco de Champigny y sobre otros... Pero esto también duró cinco minutos. Y algunas palabras:

—Se acabó, Emile...

Levantó la vista hacia mí:

—El inspector Borniche, supongo...

—Exacto, Emile...

—Señor Borniche, ¡es usted todo un héroe!

Y Buisson añadió:

—Los retejadores se caen de los tejados, los ladrones van a la cárcel...

Son los riesgos del oficio.

Sorpresa de los cinco primeros minutos, placer de jugar a gran señor y de tratarse de igual a igual conmigo. Después negó la evidencia.

Y fueron necesarios tres años de interrogatorios para obligarle a reconocer sus crímenes que, como bien sabía, iban, naturalmente, a conducirle a la guillotina.

—Tres años de interrogatorios, parece increíble...

—No, si piensa que el dosier Buisson tenía un metro cincuenta de altura. Si piensa que estaba implicado por todas partes. Que sus propios atracos tenían ramificaciones en todo el hampa. Que se trataba de verificar, punto por punto, las declaraciones de los que le habían, más o menos, vendido. Él se encastilló en su sistema de defensa, inmediatamente después de su primera y desafortunada confesión: lo confesaba todo, excepto los asesinatos. Pero yo me aferraba firmemente a esa confesión inicial, fruto de los cinco primeros minutos.

Lo mismo ocurrió con René Girier... Yo sabía, por un informador, que él tenía una cita en la avenida de la Ópera. Le detuve, en plena tarde, mientras caminaba por la acera. Efecto de sorpresa total. En ese momento todo interviene. Aunque sólo sea la curiosidad de la multitud que observa a ese hombre al que le acaban de colocar las esposas. Además, él no sabe, no puede saber de dónde ha venido el golpe: ¿en qué eslabón se habrá roto la cadena? ¿Qué va a poder negar con toda tranquilidad y qué puntos deberá admitir? Su confusión es total. No hay, pues, que perder ni un minuto de esos cinco primeros minutos que se nos ofrecen. A Girier le atrapé en caliente, desde las oficinas de una compañía aérea holandesa de la plaza de la Ópera, donde le vigilaba, al haberme indicado un informador que Girier tenía una cita en un bar del bulevar de los Capuchinos.

De hecho, a primera hora de la tarde, Girier había ido a ver *El tercer hombre,* en un cine de la avenida de la Ópera. Salió de allí —me lo contó él mismo, después— como hechizado, atrapado en las redes de la música obsesiva y burlona, identificándose con el hombre perseguido por los subterráneos de Viena.

Así es como subió toda la avenida de la Ópera y como, estando alerta, le vi en el momento en que entraba en la plaza. Subí de cuatro en cuatro los peldaños de la escalera, corrí y le atrapé en el momento en que iba a atravesar el bulevar de los Italianos, a la altura de la joyería Clerc. Le sujeté por la cintura. No opuso resistencia. Uno de mis colegas que venía detrás le desarmó. Se dejaba hacer, como si estuviera hechizado, y dijo:

—Puede usted cogerme la pipa, nunca hubiera disparado contra el inspector Borniche.

Le transportamos, como un fardo casi inerte, a las oficinas de la compañía marítima que nos dio asilo. Le dije:

—Lo sé todo...

Él pensó entonces que sus amigos le habían entregado, lo que no era realmente cierto. Su reacción fue asombrosa:

—¡Me han traicionado! Se acabó para mí, esa gente están todos podridos. A partir de hoy, seré un hombre honrado.

Nadie le creyó, en ese momento. Y, sin embargo, Girier mantuvo su promesa. Condenado, obtuvo, al cabo de varios años de conducta ejemplar, una liberación condicional. Siguió cursos de formación, obtuvo diplomas de cualificación. Actualmente dirige en Reims una pequeña fábrica de tratamiento de metales y, el domingo, anima un club de jóvenes ciclistas a los que hace correr ciento cincuenta kilómetros durante la jornada, y dice:

—Cuando vuelven, reventados y contentos, no tienen ganas de ir a forzar esas segundas residencias cerradas...

Ésta es la frase que responde a los cinco primeros minutos de su detención, minutos en los que me confesó las circunstancias de su evasión, para retractarse a continuación.

Una vez más, esta sorpresa nos permite sondear mucho antes el alma de ese hombre que bascula, de golpe, entre la libertad y la no libertad. Naturalmente, nosotros, policías, sabemos que esos cinco primeros minutos están en correlación con los cinco últimos. Yo sé que durante más de cinco años me he consagrado a llevar a Buisson hacia la guillotina, porque ésa es, en Francia, la pena aplicada a ese tipo de crímenes. Pero yo estoy contra la pena de muerte. Estas personas, que son verdaderas fieras, verdaderos peligros para la sociedad, tienen casi prisa por terminar y, por otra parte, sirven de ejemplo a seres del mismo tipo que ellos y sobre los cuales esta ejemplaridad no interviene para nada. Los duros son los duros.

Buisson, antes de atravesar la puerta que le conducía a la guillotina, no pudo abstenerse de dar a sus cinco últimos minutos un aire de desafío. Se volvió hacia su abogado diciendo:

—Vamos, letrado, la sociedad estará contenta con usted...»

Los cinco minutos de Philippe Bouvard

«Los primeros minutos de mis entrevistas radiofónicas, dice Philippe Bouvard, son realmente primeros minutos. Nunca hablo con mis futuras "víctimas" hasta el momento en que las tengo junto a mí, ante el micrófono. No quiero que los sentimientos que me inspiran, tanto de simpatía como de antipatía, puedan influirme: me gusta sentirme libre para plantearles las preguntas que se les deban plantear.».

Uno de sus colaboradores se reúne con la persona que va a ser entrevistada y le hace una serie, bastante amplia, de preguntas.

«Cuando se hace una entrevista para la prensa escrita y se dispone, por lo tanto, de todo el tiempo necesario, dice Philippe Bouvard, he observado que lo esencial aparece frecuentemente justo al final. Habéis estado conversando durante una o dos horas, os despedís caminando hacia la puerta, y el otro te hace entonces, sin darse cuenta, una declaración significativa, una revelación importante.»

La entrevista exploratoria dura, pues, todo el tiempo necesario para que surjan esa clase de declaraciones y de revelaciones. Philippe Bouvard tiene, pues, en su poder un completo dosier sobre la persona a la que va a «torturar» en la radio durante unos diez minutos, duración media de las entrevistas.

El trabajo entre bastidores constituye así la primera parte, oculta, de la entrevista. ¿Qué pasa después, en directo, cuando Philippe Bouvard se encuentre en escena?: «En el fondo, no sé exactamente cómo hago lo que hago, y me gustaría que se me hiciera la crítica.»

En general, Philippe Bouvard procede de la siguiente manera: aborda a su entrevistado ubicándole con claridad, dice quién es, qué es lo que hace y luego explica el motivo de su presencia, siempre en un tono agresivo o, en cualquier caso, acusador. Siempre encuentra, en su dosier, el posible defecto de la coraza. Todo en unas pocas frases y en breves segundos.

Ante este brutal ataque, hay tres tipos de reacciones: algunos, generalmente los políticos, fingen considerar que este ataque no se dirige en modo alguno a ellos, le agradecen a Philippe Bouvard el haberlo lanzado y lo desvían hacia el chivo expiatorio de turno. Otros acusan fuertemente el ataque y se encierran, con mayor o menor prudencia, como esperando a que pase la tormenta. Otros, en fin, no se dan claramente cuenta del ataque, no responden a éste directamente y reformulan el problema de manera muy distinta, a su manera.

La reacción del entrevistador ante estas tres formas de escapatorias no tarda en aparecer: Philippe Bouvard no permite que sus interlocutores tomen el atajo y se aparten del tema. Pero su intervención difiere según los casos.

Con los políticos, y los habilidosos en general, finge, durante unos minutos, darles rienda suelta: éstos hacen sus frases y su discurso, pero, de repente, y siempre antes de que transcurran los cinco primeros minutos, Philippe Bouvard les sorprende con un ataque mucho más violento e inesperado que la acusación inicial. Había guardado una baza, un argumento fuerte. Lo importante es desarmar al interlocutor para que éste sea más auténtico y más interesante. Este objetivo es frecuentemente alcanzado; si no, la entrevista prosigue hasta que el entrevistador venza o hasta que parezca un «match» nulo.

Cuando el entrevistado se encierra como una ostra, Philippe Bouvard, inmediatamente, sin cambiar nada de su ataque inicial, adopta una actitud muy gratificadora: habla de la sensibilidad o de la inteligencia de su interlocutor, de sus logros, de la profundidad u originalidad de sus ideas, etc. El resultado es infalible: el otro, halagado, comienza a hablar y, a menudo, Philippe Bouvard le lleva, en unos pocos minutos, a tomar posiciones muy definidas, de una forma audaz y tranquila al mismo tiempo.

Por último, cuando su entrevistado, narcisista y cerrado a la escucha, sigue su propio camino sin preocuparse de nada, Philippe Bouvard no puede hacer más que hablar en su lugar y decir rápidamente lo que el otro acabaría tal vez diciendo, pero ¿quién sabe cuándo?

Toma de su dosier los temas fundamentales que el otro ha tratado ya en la entrevista preparatoria, pero que no sabe ahora repetir en caliente ante el micrófono.

Ésta es, pues, una técnica de los cinco primeros minutos en la que nada se deja al azar ni a la improvisación. La condición para el éxito de esta técnica es una preparación larga y meticulosa, y la aptitud para comenzar una entrevista por los puntos más delicados.

Los cinco minutos de una agregada comercial

«—Usted es responsable de una misión técnico-comercial en la sede parisiense de una importante imprenta de provincias. Su profesión es la venta. ¿Qué significan los primeros minutos para alguien que, como usted, asume, a un alto nivel, semejante responsabilidad?

—Bien, en primer lugar, yo diría que esta profesión, en la que nada está ganado de antemano, se compone de múltiples "cinco primeros minutos", puestos unos detrás de otros, para completar la jornada de una profesión en la que todas las horas y todos los minutos son buenos, puesto que, en la práctica, están supeditados a la buena voluntad del cliente. ¿Rechazaría yo una cita a las siete de la tarde con un señor del que llevo esperando durante semanas, meses, o la disponibilidad o la buena voluntad o, cuando menos, el interés?

Evidentemente, también las empresas a las que me dirijo tienen ya sus impresores. No han esperado a que lleguemos nosotros.

Por eso, los cinco primeros minutos nunca son, realmente, los cinco primeros minutos. Se han nutrido de todas estas implicaciones, agravadas por el peso de lo que está en juego, y van precedidos de toda una serie de gestiones anteriores.

Tampoco hay cinco primeros minutos sin un primer contacto telefónico, del que podríamos decir que es el "primer minuto".

Ya sea a través de relaciones o después de haber consultado la guía telefónica, una primera parte del contacto se juega aquí. Hay que obtener una cita. De la secretaria o, mejor aún, del propio interesado. Esto no siempre es sencillo. Un primer fracaso implica que hay que volver a empezar, partiendo del principio de que no hay barrera que no se pueda superar. Concertada la cita, un primer trabajo se impone: me es preciso avanzar más en lo que sé del asunto en cuestión. Me documento. Debo conocerlo todo. Sobre sus necesidades, sobre sus posibilidades, sobre lo que ya ha realizado en el registro de nuestras actividades. No tengo derecho, en efecto, a hacerle perder su tiempo a la persona que me ha concedido la cita —y de perder de paso el mío, planteándole preguntas cuya respuesta yo puedo previamente conocer.

En mis comienzos tenía un nerviosismo terrible. Actualmente, después de doce años, está superado, bien superado. Creo que puedo hacer frente, sin turbarme, a cualquier persona y en cualquier momento.

—Y ¿particularmente en esos cinco primeros minutos?

—Particularmente. Por ejemplo, a ese señor, que resultó ser después un cliente encantador, pero que me recibió, la primera vez, de la forma más desconcertante. Medio oculto tras una barricada de documentos apilados sobre su mesa, en un despacho inmenso, no levantó la cabeza cuando entré y, siempre inclinado sobre un trabajo más o menos ficticio, entabló el diálogo:

—¿Quién es usted?

Le dije mi nombre.

—¿Qué desea?

Le recordé el objeto de mi visita.

—Quítese la ropa...

No oculto que me quedé francamente desconcertada, pero divertida también. Me quité tranquilamente el abrigo y le dije:

—Gracias, ya me he quitado el abrigo.

—Bien, por hoy ya vale.

Entonces levantó la cabeza y la conversación comenzó.

Supe, después, que este hombre utiliza esa táctica cuando tiene que contratar a una secretaria o una colaboradora. O bien comienza a dar vueltas alrededor de ella, sin decir nada, con aire dubitativo, para que la pobre pierda sus recursos. Si no los pierde, entonces el asunto comienza a interesarle. De esos cinco precisos minutos me acuerdo muy bien, ya ve...

—Ha pronunciado usted la palabra "táctica". ¿Tiene usted misma una?

—¿Se puede llamar táctica a la plena utilización de tus posibilidades para captar la atención, para hacerte escuchar?

Yo creo sobre todo en la intuición —y femenina, ¿por qué no?— que me permite formarme, de entrada, una imagen de la persona que tengo frente a mí, su rostro, su manera de vestirse, la amplitud de sus gestos, su forma de decir: "siéntese", o de no decirlo, como a veces ocurre. Pero también la disposición de su despacho. Hay cosas que hablan por sí solas; hay que saber "escucharlas". Objetos, fotografías adquieren todo su valor de testimonio dentro de la homogeneización creada por un diseño a menudo estereotipado. Cada detalle puede ser revelador. Nunca desperdicio su ayuda en los treinta primeros segundos. Y el sentir y captar todo eso en un instante se convierte en algo totalmente instintivo y natural. A partir de ahí, intento crear una atmósfera para que el diálogo sea inmediatamente simpático. ¿Cómo?

Es difícil de explicar. Todo es, y así debe ser, intangible, ya que él —o ella— sabe perfectamente que mi papel es el de hacerme oír y que voy a hacerlo lo mejor que pueda.

No se trata, pues, de entablar una conversación de las llamadas mundanas, sino de retener su atención. Para ello me sirvo, evidentemente, de lo que he aprendido sobre su empresa, su sección, sobre él mismo, en ocasiones.

¿Es amable? Todo va, aparentemente, por buen camino, pero eso no quiere decir que la partida esté ganada. Hay personas a quienes su amabilidad protege y que no se dejan convencer. ¿Está distraído, preocupado o incluso descortés? Procuro desconcertarle, sorprenderle.

En casos extremos, si noto manifiestamente su fastidio, se lo hago saber:

—Veo que está usted muy ocupado. No quiero hacerle perder su tiempo. Ya concertaremos otra cita.

A veces, esto es suficiente para que modifique su actitud.

También me ocurre a veces tener que vérmelas con un auténtico grosero. En esos casos no insisto. Se lo dejo a uno o una de mis colegas, a quien deseo más suerte que la mía. O bien espero a que sea sustituido de ese puesto, lo que también suele suceder.

Cinco minutos es muy poco tiempo, pero es cierto que condiciona la media hora, incluso la hora siguiente. Desafortunadamente, nunca determinan completamente el futuro de un asunto. Quiero decir que es esta una profesión en la que nada está seguro, en la que todo está permanentemente en tela de juicio. Estos cinco primeros minutos van seguidos de otros cien. Si el asunto no se ha cerrado definitivamente, hay que repetir las llamadas telefónicas, las visitas, con la esperanza de llegar un día en el momento favorable, el día en que la demanda coincida con nuestra oferta. Vigilancia constante, nunca hay que desanimarse.

Si, por el contrario, se consigue el pedido, éste irá rodeado de mil y una diligencias. Ya no se tratará de minutos, sino de horas y de jornadas enteras para llevarlo a buen término, de principio a fin, hasta la facturación.

Esto también es mi cometido y mi profesión.

Por último, como nada está nunca ganado, hay que centuplicar los cinco primeros minutos, para conservar los clientes, para encontrar otros. No abandonar nunca, en una labor en la que los fracasos predominan sobre las esperanzas, pero donde éstas te hacen ir, continuamente, hacia adelante. Es precisa una fuerza, una fuerza permanentemente renovada, para crear contactos, para recrearlos, para mantenerlos. Las relaciones humanas son algo agotador, duro y apasionante.»

Los cinco minutos del letrado Naud

¿Cómo son los cinco primeros minutos de un abogado? ¿El primer enfrentamiento con los magistrados, los jurados, el público? El letrado Naud, que ha defendido tantas causas célebres desde el final de la Segunda Guerra Mundial y que ha relatado tanto sus victorias como sus derrotas en *Les défendre tous* (defenderlos a todos), responde a esta pregunta:

«En primer lugar, conviene distinguir dos capítulos muy diferentes. El alegato en material civil o comercial, cuando se trata de intereses morales o materiales. Y después el alegato en materia penal. En materia civil, no creo que experimente ninguna emoción particular, salvo la que siento siempre antes de hablar. Me pongo nervioso. Siempre me ocurre. Es algo que no he conseguido superar. Cuando se acerca el momento, cuando siento que el presidente del tribunal va a decirme: "Tiene usted la palabra", noto un profundo vacío, me siento desgraciado, angustiado... Pero, como la materia no requiere de una gran pasión, sé adonde voy, por lo tanto, los primeros minutos transcurren con una exposición del asunto. Es bastante trivial... Se trata de implicarse en el asunto. Ello te va habituando a hablar y, poco a poco, vas abordando tu tema.

En materia penal es muy diferente. Los cinco primeros minutos pueden ser decisivos. O bien hay que tantear el terreno, en cuyo caso a menudo me encuentro un poco indeciso, se me considera lento. Busco un poco lo que voy a decir y miro mucho a los jurados, a las personas que me escuchan, para ver si una reacción puede orientarme, súbitamente, hacia una elección. ¿Qué voy a decir?

O bien dispongo de un argumento contundente, que voy a presentar inmediatamente, para que tenga repercusión, para que marque el estilo del alegato o bien, también, intentaré ser muy trivial, para reservar todos mis golpes de efecto para más adelante. Así pues, no existe una regla fija. Esos cinco primeros minutos son, sin la menor duda, importantes, porque durante ese corto espacio de tiempo es cuando uno va a decidir su táctica...

—Si he comprendido bien, ¿el alegato no está preparado de antemano?

—¡Oh!, yo improviso todo. Entonces, también sucede que en los cinco minutos precedentes no sepa lo que voy a decir. No sé por dónde voy a comenzar. Y me entrego a un proceso desencadenador bastante misterioso que provoque al mismo tiempo en mí ideas —sin duda, es preciso que aparezcan— y palabras. Y voy a hacerle una confidencia... Es curioso, las palabras, las veo... Vienen hacia mí, como bandadas de perdigones. Veo, escritas, las palabras esenciales...

El otro día, por ejemplo —un caso muy presente, muy reciente—, hablé de un joven, al que defendía, que no había tenido madre, una mala madre... Sin padre, nunca le había conocido, y dije al jurado: "Siempre hay un momento en la vida en el que uno no está contento consigo mismo, en el que se siente desgraciado, en el que uno es pequeño, un niño. Y necesita entonces el hombro de una madre en el que apoyar su cabeza y llorar.—¿Qué te pasa, mi niño?—No sé, no sé...—Y uno llora, solloza, eso te hace bien... Los que no han tenido la suerte de tener un hombro de mamá, no han tenido, en su vida, lo que todos nosotros hemos tenido." Pienso que estas pocas frases pudieron orientar de modo diferente al jurado. Cuando dije eso, vi llegar las palabras: "hombro, mamá, lloros...". Es muy curioso. Es algo que se impone. Es algo así como un choque, en mí. ¿Son las palabras las que desencadenan las ideas? Soy incapaz de decírselo... Para mí, las palabras tienen una virtud casi mecánica, casi creadora. Yo creo mucho en el poder de las palabras. No creo que mueran. Primero, el sonido no muere. Si pensamos que recorre trescientos cuarenta metros por segundo y que se va... Pero se va, ¿adónde? Si el infinito de Pascal existe, las palabras no mueren nunca, el sonido no muere. Así pues, yo creo en el maleficio, en el poder, en la virtud de las palabras...

—Usted dice, asimismo, que las palabras generan las ideas, los argumentos contundentes... ¿Puede citar un ejemplo?

—Pues bien, un día defendí a un paracaidista negro que había matado a una mujer, conductora de taxi, de veinte cuchilladas, para robarla, además. Era horroroso. Nadie quería defenderle. Yo le salvé. Pero creo que le salvé porque tuve dos argumentos. El experto vino a decir que era un poco retrasado... Que le habían sacado de allí, de su país africano, para convertirle en un paracaidista, y le pregunté al experto:

—¿Qué coeficiente intelectual tiene?

—¡Oh! —dijo—, ochenta y dos...

—¿Eso equivale a doce años?

—Sí, más o menos...

Me dirigí a un ingeniero que formaba parte del jurado. Le dije:

—Señor ingeniero, me dirijo a usted...

Porque, en ese momento, pensé en ese hombre, que era un científico...

Y le dije:

—Usted está acostumbrado a los números, las fórmulas, las ecuaciones... Estamos ante una muy sencilla. Escríbala, por favor: "Ochenta y dos = doce años." Y cuando esté con sus compañeros del jurado, usted será mi intérprete. Usted les planteará la pregunta: "¿Acaso en Francia se guillotina a los niños de doce años?"

Pues bien, la idea sólo me vino a fuerza de pensar en "doce años, doce años, doce años". Y estoy seguro de que eso le salvó.

Tal vez una segunda cosa vino también en su ayuda. Nadie había dicho en el dosier, en los informes del experto, en los informes del psiquiatra, en los informes médicos, nadie había dicho que era negro. En ninguna parte. Entonces dije: "Hay una palabra que no aparece en este dosier, que no se ha pronunciado nunca en todo el proceso de instrucción, que los mismos médicos han omitido, que no se ha pronunciado en esta audiencia desde que comenzó. Yo voy a pronunciarla: *negro*. ¿No han visto que es negro?"

Esto produjo un efecto terrible. Y partí de allí. No había pensado en ello, tampoco, anteriormente. En un momento dado, me volví hacia él, le miré y me dije: "¡Hombre!, pero si, en realidad, es negro..."

Un alegato es eso, son palabras que enganchan y que provocan ideas adyacentes, ramificaciones de ideas...

—Y, naturalmente, el caudal de conocimientos que usted tiene previamente y que ellas ponen en movimiento.

—Naturalmente, yo conozco el dosier, como conocería una novela, una novela que lees a menudo, con las fechas, los lugares, los nombres de los personajes...

—Ese personaje al que usted defiende, y al que quiere, según dice en su libro..

—Sí, le quiero. Independientemente de las palabras.»

Capítulo 6

Trece casos concretos

Es usted candidato a un puesto

Encontrar un empleo, obtener una colocación, eventualmente cambiar de empleo, he aquí una preocupación muy generalizada. Una vez superadas, las formalidades habituales (gestiones o anuncios por palabras, relaciones, «enchufe» o convocatorias, tests y currículum) conducen a la entrevista de contratación. (Nos situamos aquí en la hipótesis de un contacto directo con el empleador, patrón, director o jefe de personal, con exclusión del psicólogo. Por consiguiente, antes o después de la entrevista con éste, si ha de haberla.) Está usted convocado; cuide al máximo su primer contacto: los cinco primeros minutos pueden decidir todo su futuro.

Embajador de uno mismo

En esta primera entrevista el empleador o la persona en la que haya delegado va a esforzarse en juzgarle, en hacer un retrato de su personalidad. Ahora bien, usted está en primera línea, sin intermediario que le apadrine, sin abogado que le defienda. Es su cuerpo, en su presentación física (atuendo, actitud, mirada, comportamiento), es su mentalidad y su carácter, a través de sus palabras, los que van a ser evaluados. Esta estimación no va a hacerse en función de tal o cual criterio absoluto que a usted le caracteriza: sus títulos, universitarios por ejemplo, el encanto de su persona o el apoyo del señor Fulano de Tal. ¡No! Será un juicio relativo, centrado sobre dos criterios: ¿se aproxima el perfil global de sus aptitudes reales al perfil teórico del puesto que hay que cubrir? ¿La evaluación de dichas aptitudes le concede a usted un puesto favorable en la competición con los otros candidatos? Dicho de otro modo, si los elementos puramente subjetivos pueden jugar un papel, para desempatar entre dos candidatos, por ejemplo, o simplemente para inscribirle a usted de entrada en la lista de los «posibles», serán los elementos objetivos los que harán decidir si: 1) está usted «bien» y 2) está usted «mejor» que los demás.

Nuestros reyes hacían que su matrimonio fuera negociado por unos enviados diplomáticos. Todavía en la actualidad las reuniones «en la cumbre» de los jefes de Estado van precedidas de negociaciones llevadas a cabo por una nube de altos funcionarios y de técnicos. Pero, para tratar de su contratación y de las condiciones de su eventual colaboración, usted va a encontrarse solo y, para colmo, usted puede sentirse desfavorecido por una situación de desigualdad en la que el contratador, que tiene el poder y maneja los cuartos, es el único dueño de la decisión. A consecuencia de todo esto, tiene que «objetivarse» con respecto a usted mismo cuando está obsesionado por preocupaciones subjetivas o pasionales: consiga que se haga en usted la calma, de modo que pueda «venderse» bien usted mismo, que pueda construir y defender su propio dosier como si fuera el de otro de quien usted fuera el negociador. La forma en que salga usted del paso será, de hecho, el primer test sobre el que le juzgarán.

Es, asimismo, necesario abordar la entrevista de igual a igual. Sólo se negocia favorablemente si uno está libre de cualquier tipo de complejo de inferioridad. Recuerde, pues, que el empleador es el que «solicita», que él ha dado el primer paso, que busca un colaborador y que es de suma importancia para él encontrar uno válido... que será, tal vez, usted mismo.

Una entrevista que hay que preparar

Esto quiere decir que la entrevista de candidatura debe prepararse con el mayor esmero y que no basta con presentarse con la mejor voluntad (¡e ingenuidad!) para someterse a las preguntas e investigaciones del empleador.

Desde los primeros pasos de un artista en la escena se adivina su «oficio»; desde los primeros intercambios de pelotas en el tenis se adivina al campeón. Uno y otro se han preparado, entrenado. La «clase», eso no se improvisa. Todas las observaciones que vienen a continuación prueban que es preciso no sólo reflexionar la víspera o la antevíspera para prepararse para la entrevista, sino también ajustar desde bastante tiempo antes tus pensamientos y tu comportamiento a la necesidad de conseguir un día el puesto.

Generalmente, hay muchos aspirantes. Pero se busca un «hombre» (o una «mujer»), en todo caso alguien que tenga personalidad, que salga de lo común.

Para ser elegido uno puede por de pronto intentar tener más títulos que los demás. Una buena secretaria taquimecanógrafa que haya cursado, además, dos años de contabilidad bancaria, de seguros o de publicidad, multiplicará sus posibilidades de ser contratada en una de esas ramas. Si un licenciado en derecho ha obtenido, además, un título de contabilidad, podrá aspirar más adelante a un secretariado general y, posteriormente, a una dirección administrativa y financiera en vez de vegetar como adjunto al jefe del contencioso.

Pero, en vez de ser «más», también se puede intentar ser «diferente». En vez de parecer necesitar el puesto (se sobreentiende, para vivir), dé a entender que lo que usted desea son responsabilidades (por el placer de ejercerlas). Por cruel que parezca, la necesidad no despierta grandes simpatías o, en cualquier caso, no resulta seductora. En lugar de insistir en sus conocimientos, atestados de diplomas, enumere las tareas realizadas hasta ese momento, los resultados obtenidos, para que así se pongan de manifiesto sus aptitudes. Por último, en vez de limitarse al aspecto escolar y profesional de sus títulos, dése a conocer en sus demás actividades, sociales, culturales o deportivas. A través de ello, resultará más fácil hacerse una idea global de su carácter, imaginar su capacidad de iniciativa y de responsabilidad.

Éstas son las líneas generales que deberán dictar su actitud. Pero, desde la entrada en escena al contenido de sus palabras, pueden todavía ser eficaces algunos consejos prácticos.

La entrada en escena

Entre todas las citas, ésta es, evidentemente, en la que hay que ser más puntual. Prevea, pues, los contratiempos, calcule con un amplio margen para que nada le impida presentarse a la hora exacta.

Deje su abrigo o gabardina en el vestíbulo o en el guardarropa. Si hay que rellenar una ficha de visita, hágalo con el máximo esmero (el nombre con mayúsculas). Penetre en el despacho sin «trastos» y con una indumentaria correcta: ni desordenada (o demasiado familiar) ni endomingado. Pero esto no se improvisa y, a menos de haber llevado el doble juego de una vida social compensatoria bastante intensa, el estudiante que se ha tirado cinco años en chandal, zapatillas de tenis y vaqueros desgastados, corre el riesgo de ataviarse un poco ridículamente en su primer intento de vestir «clásico».

Entre pausadamente y sin nerviosismo, cabeza en alto y la mirada dirigida hacia la persona que le recibe; vaya directamente hacia ella deteniéndose a la distancia correcta; no extienda la mano el primero y, si se la tienden, estréchela con una ligera inclinación del busto. Evite los apretones de mano blandos, húmedos o demasiado brutales. Muestre seguridad, naturalidad y deferencia, sin rebajarse. Al saludar preséntese con brevedad («Jacques Dupont, encantado de poder presentarme...» o «gracias por haberme convocado») y espere a ser invitado para sentarse. Prefiera si es posible la silla a la butaca: su atención y su compostura serán mejores, tendrá menos tentación de cruzar las piernas, lo que sería demasiado familiar, o de apoltronarse y superar el tiempo conveniente. No se siente demasiado cerca de su interlocutor; respete su espacio vital. Si le preguntan, responda sin brusquedad, pero en un tono claro y firme. Que sus respuestas sean claras, cortas, precisas. A menos que ya le hayan solicitado un currículum, entregue un documento recapitulativo para confirmar los datos que haya aportado. Sitúese frente a su interlocutor y mírele. Si él le intimida, no intente sostener demasiado su mirada, fije más bien la suya entre las cejas de él: así, él notará su atención, sin percibir su turbación. Déjele dirigir las operaciones, a menos que él diga: «Le escucho...»

Usted tiene la palabra

En ese caso pase valientemente a su pequeña exposición. Evite tanto el exceso de concisión como el de extensión. En cuatro o cinco minutos se pueden decir muchas cosas. Procure no ser ni demasiado tímido, ni demasiado pretencioso, ni acomplejado, ni excesivamente desenvuelto. Ante todo, sea decidido; muestre que desea el puesto (si le consideran a usted capaz de desempeñarlo, por supuesto). ¡Cuántas cosas se conceden, en esta vida, a personas que no son ni más fuertes, ni más inteligentes, ni más ricas (ni más guapas...) que las demás! Simplemente porque han manifestado su deseo intenso y claro de obtenerlas, y porque han mantenido su actitud tenazmente.

Sea franco y sincero. Hable de su pasado citando hechos y eliminando los estados anímicos; indique brevemente: «Tras la muerte de mi padre tuve que...» o: «A causa de mi divorcio debo...», pero no se extienda sobre las incidencias o contratiempos diversos de esos acontecimientos privados sobre su vida profesional. No hable tampoco de mala suerte o de desgracias: ser digno de lástima carece completamente de atractivo. Cuide la corrección del lenguaje, sintaxis y vocabulario, lo cual no se improvisa tampoco. Quien utiliza permanentemente el argot o bromea familiarmente con todo el mundo corre el riesgo de parecer artificial o pretencioso si pretende de pronto mantenerse en su sitio y hablar de modo correcto.

No tenga, a priori, una actitud defensiva, pues «quien se excusa se acusa»; no dude de sí (o, si no, tenía que haber apuntado más bajo). Si usted cree responder a las exigencias del puesto, indique claramente en qué, y esté en condiciones de demostrarlo. Lleve en su portafolios documentos donde consten sus responsabilidades actuales, sus logros, su última nómina; pero no traicione a su jefe actual presentando documentos confidenciales. Tampoco hable nunca mal de él, ¿cómo podrían confiar en usted para el futuro si tiene toda la pinta de un traidor?

Evite los temas escabrosos, la política, la religión y las concepciones filosóficas de la existencia. No presuma de sus relaciones dentro de la empresa. ¡Cuántos se habrán hundido por esa torpeza! Haga que el otro sienta deseos de contratarle, mostrándole lo que puede usted aportar; pero sea sobrio, limítese a lo esencial, recuerde que «quien quiere probar demasiado no prueba nada». No interrumpa nunca a su interlocutor; deje que sea él quien conduzca la entrevista, pero si no es un especialista en la contratación, procure que le haga las preguntas que aportan información sobre usted mismo.

Espere a que le pregunten por sus pretensiones económicas para manifestarlas. Llegado el momento, lo más sencillo será indicar simplemente su remuneración actual. Según las intenciones que usted tenga, añadirá si cuenta con un «aumento», con «un sensible aumento» o, también, si está usted «dispuesto a realizar sacrificios temporales en vista del interés del puesto».

Póngase en el lugar de su interlocutor: «¿Qué espera él de mí?... ¿Qué es lo que puede interesarle en mí?», y no hable más que de ello. Por encima de todo, intente descubrir a su interlocutor. ¿Cuál es su proyecto? ¿Cuáles sus motivaciones? ¿Cuál va a ser su política? Así, usted podrá indicarle más acertadamente las convergencias entre su potencial y lo que él busca.

Para terminar evite la adulación, no haga juicios sobre su posible empleador, pero no dude en testimoniarle una confianza abierta y simpática que le halagará discretamente, pidiéndole, tras haberse descrito usted mismo durante los primeros minutos, que le exponga los diversos aspectos del puesto a cubrir y que le indique si piensa que está usted capacitado para ocuparlo.

Compruebe usted mismo su autocontrol y su saber hacer

A propósito de una entrevista de candidatura, usted se pregunta lo que, desde el principio de la conversación propiamente dicha, ha podido aportar como informaciones a la persona que le ha recibido, bien formulándolas usted por iniciativa propia, bien haciéndose hábilmente interrogar sobre esos diversos puntos.

Señale con un círculo, en el cuadro que aparece a continuación, las informaciones que ha aportado a su interlocutor y suprima las demás.

Informaciones aportadas en el transcurso de los cinco primeros minutos	Resultados
1 Su nombre.	Si alcanza usted 6 puntos, o menos, usted carece de control sobre sí mismo.
1 Su lugar y fecha de nacimiento.	
1 Su situación familiar.	
1 Su lugar de residencia.	
1 Su formación general.	De 6 a 12 a puntos, usted ha comenzado bien, sin apresurarse demasiado.
1 Su conocimiento de idiomas.	
1 Sus estudios de especialización profesional.	
1 Sus anteriores empleos.	
2 Sus diversas experiencias (cursillos, viajes, responsabilidades extraprofesionales...).	De 12 a 16 puntos es usted hábil para expresar rápidamente lo esencial, pero cuidado con caer en la precipitación o en el monólogo.
2 Su plazo de disponibilidad (¿aviso previo?).	
2 Sus títulos particulares para aspirar al empleo (experiencias o conocimientos especiales que respondan exactamente a las necesidades del empleador).	
3 Sus razones para desear un cambio y para aspirar al puesto en cuestión.	Por encima de los 16 puntos usted carece de diplomacia y de capacidad de escucha.
3 Sus pretensiones económicas.	
20 Total.	

Haga la suma de los puntos obtenidos en función de los valores indicados para cada línea.

Usted pide un aumento o un ascenso

Ver que a uno le reconocen sus servicios, eso es lo que todos deseamos. El amor propio y la ambición nos incitan así a reivindicar la mejora de situación a la que creemos tener derecho como consecuencia de nuestros esfuerzos, de nuestros méritos. De hecho, las necesidades ahí están, sin hablar de la subida del coste de la vida... Muchos se ven así obligados —a veces incluso por su consorte— a afrontar a su superior jerárquico para pedir un ascenso o simplemente un aumento.

El asunto es delicado. Cualquier pequeño detalle puede echarlo todo a perder desde los primeros minutos. ¿Cómo poner las posibilidades de su lado?

En una pequeña empresa de diez, veinte, treinta personas se sabe perfectamente quién es el jefe; uno se dirigirá directamente a él. Pero cuando la empresa es importante puede aparecer la duda: ¿hay que dirigirse al jefe inmediato?, ¿al jefe de personal?, ¿a un miembro de la dirección?

Ciertamente, cada empresa tiene un organigrama y unas normas que usted deberá respetar, pero lo importante es que se dirija a quien tenga, a la vez, la capacidad de apreciar su solicitud (o de hacerse informar sobre su legitimidad) y de decidir (o de tomar la iniciativa de apoyarla). Lo importante es, pues, llamar a la puerta adecuada, sin por ello «cortocircuitar» al responsable natural. En caso de duda, usted puede consultar bien a un colega muy fiable, bien a un directivo que usted sepa que puede contar con su apoyo o simpatía. Si alguien, familiar o amigo, le ha ayudado a entrar en la empresa, será conveniente preguntarle su opinión sobre la gestión que debe llevar a cabo.

¿Cuándo realizar la gestión?

No hay una fecha mágica. Generalmente, el recién contratado debe esperar un año entero para demostrar sus aptitudes. Después lo esencial será elegir un momento en el que se combinen dos condiciones, una positiva: haber tenido ocasión de hacerse reconocer, de resultar útil, y la otra negativa: evitar el momento en el que el ambiente de la empresa esté enrarecido, en el que todo va mal en la casa o también en el que el jefe tiene preocupaciones personales.

En algunas empresas muy grandes el departamento de personal sigue atentamente los expedientes de cada colaborador, los «planes de carrera». Hay, entonces, períodos oficiales de calificación anual y de promoción, a menudo en diciembre, para surtir efecto en enero del siguiente año. No espere a esa época para manifestarse, prepare el terreno desde la vuelta de las vacaciones, entre septiembre y octubre.

Algunas personas no vacilan en autoalabarse, en darse bombo exageradamente; esto no es muy correcto para con los colegas, puede, incluso, perjudicar y, en cualquier caso, se corre fuertemente el riesgo de caer en el ridículo. Pero no cuente de todos modos demasiado con la jerarquía para que descubra ella sola sus necesidades y sus méritos.

Se arriesgaría a ver sus derechos limitados a los simples reajustes colectivos periódicos.

Decídase sin tardar en cuanto las circunstancias parezcan favorables, pues éstas pueden cambiar. Si quiere hacer carrera rápidamente en una empresa, vaya también rápido en los comienzos, sitúese, en cuanto sea posible, en las categorías ascendentes, negocie sus ascensos durante el año, fuera de los períodos de decisiones colectivas.

¿Cuánto pedir?

Uno debe juzgarse con lucidez, sin complacencia, pero con valentía. Evite los empujoncitos que no cambiarán en nada su nivel de vida y que no le situarán en una órbita más favorable. Evite también esos aumentos «fuera de baremo», que le colocan en el máximo de la categoría o del escalafón, pero que le encierran allí: es el funeral de primera. Prefiera siempre el mínimo de la categoría superior.

Verdaderamente, usted debe saber lo que desea, poner sus miras en el puesto apetecido y el nivel de remuneración que le corresponde, y encaminar sus esfuerzos a obtenerlo lo más rápidamente posible.

Aumentar día a día las propias atribuciones, hacerse indispensable, si es preciso, asumir responsabilidades mal o no asumidas por los demás, valdrá frecuentemente más que una presión constante hacia pequeños y frecuentes aumentos de remuneración.

Una entrevista general sobre su carrera es algo extraordinario. Su objetivo será entonces un cambio notable, combinando si es posible sus ventajas inmediatas y nuevas perspectivas de ascenso. Semejante discusión se prepara; no se presente más que armado no sólo de argumentos válidos, sino también de títulos indiscutibles.

¿Cómo presentarse?

La peor de las actitudes sería presentarse únicamente como pedigüeño, apoyándose únicamente en las necesidades familiares, la carestía de la vida, etc. Ciertamente, es bueno que alguien de la empresa, un delegado, por ejemplo, tome la palabra para reclamar, en nombre de todos, las revisiones salariales que las subidas de precios hacen necesarias. Pero usted no debe nunca justificar su propia petición con semejantes argumentos, que no tienen peso real sobre una decisión. En caso de éxito, semejante gestión le pone a usted en situación de agradecimiento y no puede, en todo caso, repetirse más.

Un empleado pidió un día a su jefe doscientos francos de aumento mensual arguyendo sus dificultades económicas. El jefe, bonachón, se hizo explicar el origen de esos problemas. Una vez enterado de que una elevada factura de calefacción era el motivo, sacó su talonario de cheques y entregó quinientos francos de gratificación al empleado. Éste, viendo su calefacción pagada, salió de allí reculando, rebosando agradecimiento, para encontrarse tres meses después en el mismo escalafón y... en el mismo apuro.

En realidad, esta clase de conversación debe presentarse como una negociación. Se ha producido, se va a seguir produciendo; se discute el precio, cortésmente, pero de igual a igual.

Lo que hay que perder absolutamente —y desde el primer momento— es el complejo del hijo cuyo padre sería el jefe, un padre al que hay que respetar, al que se tiene miedo. Demasiados colaboradores tienen un sentimiento de vergüenza con respecto a su remuneración, como si no estuviéramos todos sujetos a las necesidades de la existencia.

Ciertamente, su superior, que dispone del poder de negar lo que usted estima que le es necesario, puede impresionarle. Por eso, si usted penetra en su despacho con el corazón encogido, como un culpable, se encontrará en la peor posición psicológica posible. Para ganar una batalla es preciso en primer lugar vencer el miedo y creer que se tiene razón.

El buen ataque

Como en toda negociación, hay que intentar hacerle hablar primero al otro. Ahora bien, usted es el solicitante. La solución está, sin duda, en atacar por la banda y preguntar de entrada a su interlocutor qué opinión tiene de sus servicios o, también, cuáles van a ser en lo sucesivo sus atribuciones. Dándole la palabra, usted se sitúa en posición de observador, debe adivinar rápidamente, por sus palabras, pero sobre todo por su tono, con qué ojos es usted visto. Si la atmósfera le parece propicia, láncese; sobre todo, no espere demasiado para destapar su carta, ya que su interlocutor puede ser molestado, requerido en otro lugar, llamado por teléfono, o bien la entrevista puede desviarse por otros derroteros (algunos superiores le verán venir y desviarán la conversación). En este último caso escuche con vigilancia, vuelva sobre el asunto y plantee claramente la cuestión de confianza mirando de frente a su superior con un semblante tranquilo. Espere su respuesta antes de hacer su propio panegírico. Alabarse por anticipado es defenderse antes de ser atacado, es carecer de confianza. En cuyo caso, si usted no está seguro de sí mismo, ¿por qué lo iba a estar el otro?

Las respuestas

Si le responden: «época mal elegida, dificultades de la empresa, etc.», replique que lo fundamental es estar de acuerdo con el principio de fondo (que debe hacer confirmar oficialmente, por supuesto), pero que usted podría esperar un poco su entrada en vigor; usted está muy identificado con la empresa y sólo desea su bien, pero quiere estar seguro de poder servirla mejor muy pronto. Si su interlocutor se escuda en el organigrama, en las jerarquías que hay que respetar, en las susceptibilidades de los colegas o en otros argumentos no absolutos, sino relativos (que, adviértalo bien, tienen eso de bueno, que no contradicen su pretensión en sí misma), responda que, si se está de acuerdo sobre sus capacidades, basta con reconocerlas inmediatamente e irle dando a usted títulos y atribuciones progresivamente, a medida que se vayan presentando las ocasiones.

Devuelva siempre con calma y determinación la pelota al campo del otro, pero no se irrite; eso es una debilidad. Su forma de negociar será, en sí misma, para su interlocutor, un elemento de apreciación de su carácter y de su valía —quizá una revelación: no la deje escapar. No se contente nunca con buenas palabras, con pretextos, con promesas (a menos que se hagan públicas o que se las pongan por escrito). Procure no salir de allí sin una ventaja considerable y garantizada.

Pero si topa con un rechazo formal, no hable nunca de dimisión si no está dispuesto a presentarla inmediatamente. No la presente, de hecho, más que si tiene garantizado un lugar donde caer: ¡cuántas personas han soltado así una presa segura por quimeras!

La ocasión

En términos generales, su entrevista se realizará tanto más favorablemente cuanto mejor haya aprovechado usted la ocasión. Algunos directivos apreciarán que les solicite previamente una entrevista indicando, por ejemplo: «para hablar de mi situación». Así, ellos comprenderán, estudiarán su caso y usted tendrá un interlocutor preparado, que podrá tomar postura claramente.

El interés de la entrevista con cita previa es doble: la importancia de la conversación se ve realzada por el hecho de haber sido anunciada; su superior le reservará un momento totalmente dedicado a usted.

No obstante, las circunstancias pueden reservarle una ocasión favorable. Si está usted seguro de que no va a ser molestado, a veces puede ser más interesante atacar de improviso, en un momento en que las circunstancias del trabajo le hagan estar junto a su superior y en el que reine una cierta euforia. Si, por ejemplo, tiene usted la suerte de recibir un cumplido, ése es tal vez el momento de coger la ocasión al vuelo. Aprovéchela bien y pregunte con toda franqueza. Algunas personas, hábiles en planificar su carrera, se han convertido en auténticos maestros en el arte de hacer que surjan estas circunstancias.

Un joven ejecutivo observó que su director cogía sus vacaciones de verano en julio, digamos, para dejar agosto a sus colaboradores; en realidad, para aprovechar la tranquilidad, hacer sus cálculos, preparar la «campaña» siguiente. El ejecutivo se las arregló para cogerlas él también en julio y así estar al pie del cañón en agosto para cubrir las ausencias por vacaciones de verano. Esto le hizo estar junto a un director lleno de proyectos y que, no teniendo a nadie más a su lado, sólo podía escogerle a él como confidente, sólo con él podía prolongar el trabajo de la tarde en esas cenas de hombres abandonados por la familia en el mes de agosto, en las que se comentan en la intimidad los planes para la próxima temporada y... se perfilan con frecuencia las carreras de los jóvenes halcones oportunistas.

Algunos consejos

Para pedir un aumento diríjase a la persona idónea. Elija el momento apropiado. Apunte alto, si usted se lo merece y, sobre todo, tenga ambiciones bien concretas. Por último, si su jefe es alguien importante y de cierta edad, hágale hablar desde los cinco primeros minutos: cuanto más hable (¡de sí mismo particularmente!), más tendencia tendrá a apreciarle a usted.

Usted es un vendedor

En la sociedad actual la venta está presente por doquier, apoyada por la publicidad. Ahora bien, para vender hay que abordar al cliente potencial, hablarle, conquistarle. La palabra es un arma eficaz, necesaria, al servicio de la venta. Pero es preciso saber utilizarla.

Atención: el cliente es el rey

La entrevista de venta es el ABC de la profesión de vendedor y, a menudo, la venta se consigue o se echa a perder en los primeros minutos. Se percibe, pues, la importancia de una entrada en materia adecuada, de un comienzo de entrevista bien llevado. Aparentemente, es el vendedor quien lleva la partida. Al tener algo que vender y teniendo interés por venderlo, juega el papel de «challenger», él es quien, tanto en visitas como en su despacho o en su «stand», tiene de entrada la palabra para exponer y para convencer. Pero, en realidad, es el cliente quien domina el juego, quien, al poder decir sí o no, dispone de los triunfos y quien tendrá la última palabra. El vendedor tiene, pues, que abordarle y conducir su entrevista, desde los primeros instantes del coloquio, en función de la psicología del comprador. De nada le servirá un buen conocimiento del producto, una convicción entusiasta, una argumentación impecable desde el punto de vista lógico, si no tiene en cuenta los motivos profundos del posible interés del cliente, de su eventual deseo de compra.

Diplomático y psicólogo, el vendedor no debe nunca olvidar que su interlocutor es, generalmente, egocéntrico, inquieto y vanidoso. Consecuentemente, deberá estructurar su entrevista partiendo del cliente, y no de sí mismo o de lo que vende, situándose en el punto de vista del cliente y no en el de la firma que representa. Desconfiará, por otro lado, de los argumentos racionales como único soporte para seducir al otro, tendrá la prudencia de intentar hacer vibrar la afectividad y de detectar, si es posible, las auténticas motivaciones para incidir sobre ellas, aun cuando sean vanas. Por último, tendrá el máximo cuidado en no asustar, no molestar, en ser admitido y, para ello, de entrada, en tranquilizar.

Algo que se ha de tener siempre presente: el egocentrismo del cliente

Supongamos que es usted representante y que tiene que abordar a un nuevo cliente, en su despacho, por ejemplo. Tímido, usted tiene la torpeza de disculparse, de parecer obsequioso quizá: «*Espero* no molestarle. Sólo le importunaré un minuto, *me siento* muy honrado de que me reciba...», o, por el contrario, conquistador: «*Me* llamo Martín, *soy* el proveedor de su amigo Dubois. *Quiero* presentarle algo extraordinario...»

En ambos casos usted se pone por delante, se expresa en primera persona, es el sujeto de las frases que pronuncia, cuando es *el otro* a quien va destinada su oferta, el auténtico centro de todo el asunto. Mal comienzo: el cliente no se siente implicado. O le produce usted lástima o su jactancia le molesta. Puede ser que le escuche unos minutos, pero por cortesía o por caridad —en cualquier caso, con condescendencia, y nada hay menos favorable que eso para realizar una venta.

Usted no se ha dado cuenta de que *sus* estados de ánimo, *sus* relaciones, *su* producto e incluso *su* nombre carecían de interés para él. Al cliente, como a una mujer, hay que hablarle de su persona: éste es un tema de interés inagotable. Cada ser humano se considera como un caso único y como el único digno de interés.

El vendedor dispone, pues, de muchos posibles ataques, pero a mitad de camino entre las dos entradas en materia anteriores y poniendo siempre por delante al cliente. Podría usted haber intentado algo así: «Buenos días, señor X, usted no lamentará, espero, escuchar al delegado de X... y Cía. *Su* amigo Dubois cree que *usted* es la persona que puede apreciar las cualidades de nuestro nuevo producto. ¿Quiere juzgarlo *usted* mismo?» Y, sin esperar la respuesta, usted desempaqueta la muestra.

¿Qué cualidades tienen estas primeras palabras?

Un comienzo halagador y tranquilizador

En primer lugar, cada frase empieza por *usted*. El cliente es interpelado y, siendo el sujeto de cada verbo, se siente —y nota que le sienten— como el eje de la entrevista.

A continuación los sentimientos en cuestión no son ya los de usted: «espero... me siento muy honrado... quiero...», sino los de él: «usted no lamentará... usted es la persona... ¿quiere usted...?».

La voluntad que centra ahora la conversación es la del cliente, «¿quiere usted...?», y no la del vendedor, «quiero...». Esto es mucho más adecuado, sobre todo para el comienzo (porque al final de la entrevista, cuando el cliente está interesado y vacila, conviene a menudo cambiar el tono, impulsarle un poco, afirmarse). También es, asimismo, más halagador.

La vanidad del cliente se ve discretamente acariciada: «usted es la persona que puede apreciar». Dicho de otro modo, «se le elige, se le distingue...» —lo que siempre resulta agradable—, y en el plano que más afecta: la capacidad, el buen gusto. La Rochefoucauld ya subrayó cómo el hombre prefiere ver alabada su inteligencia más que su virtud. Sin embargo, el halago sería un poco osado viniendo del primero que se presenta (usted mismo). Poniéndolo en la boca del amigo Dubois, cuela perfectamente.

Por otro lado, se despierta la curiosidad: «*nuevo* producto..., ¿quiere juzgarlo usted...?». Todos tenemos algo de niños: por aburridos que estemos, siempre queremos ver lo que hay dentro de la caja. Observe también que esta forma de entrar en materia es tranquilizadora porque deja libertad, al menos, de palabra. Usted desempaqueta la muestra, por supuesto, pero después de una pregunta que recurre al libre albedrío («¿quiere juzgarlo usted...?») y que halaga una vez más: juzgar es una acción grave, noble. Sólo una persona competente puede hacerlo. Y juzgar no compromete a nada.

Devolverle la palabra al cliente

Por último, el gran mérito de esas primeras frases es que terminan con una pregunta. La presentación es breve, el tono de igual a igual, ni humilde ni autosuficiente; usted va derecho al grano por un procedimiento franco, claro y directo y mete la pelota en el campo contrario. Ahora le toca expresarse al cliente. Aprovéchelo para observarle, estudiarle, analizar su carácter, sus reacciones, descubrir poco a poco lo que puede afectarle, lo que el lenguaje del márketing llama sus «motivaciones».

Hacer preguntas crea diálogo, provoca la participación. Participar es ya comprometerse en algo común con el otro. Cuanto más avance la discusión, más implicado se sentirá el cliente. Hacer preguntas es obligar al otro a expresarse, particularmente, a través de las objeciones. Como en el ping-pong, sus respuestas a las objeciones provocarán nuevas respuestas, mediante las cuales el cliente revelará sus necesidades, sus bloqueos, pero también sus centros de interés.

Algunos consejos

Esfuércese por despertar la atención del cliente sin perder tiempo.

Para ser admitido, recibido, escuchado, sepa distinguirse de los demás. No necesariamente ser mejor, sino *diferente,* alguien con gancho, que agrada, que interesa, alguien, en cualquier caso, que destaca entre la masa de vendedores. Ahora bien, para diferenciarse, lo mejor es arrojarle el guante lo antes posible al cliente y darle el papel principal. Entonces toda esperanza estará justificada para pasar posteriormente a la argumentación y al «forcing» final.

Usted habla en público

Los cinco primeros minutos de una alocución, de un discurso, tienen tanta importancia como los primeros pasos de una danza: desde los primeros pasos la bailarina sabe si su pareja sabrá llevarla firme y... agradablemente. Asimismo, en los primeros períodos de un discurso el público percibe si se va a sentir agarrado o no. El primer consejo es, pues: «¡Agarre de entrada a su auditorio como cogería el talle de una bailarina!»

¿Con qué palabras comenzar?

Habitualmente, un discurso se inicia con una cortés interpelación dirigida a los presentes, «damas y caballeros...», o también a la autoridad más cualificada, por ejemplo, «señor presidente, señor ministro o señor director», etc.

Nada que objetar a esta práctica habitual. Es tradicional —y es reconocer sus límites—. Si quiere ser más original, coloquial, relajado, puede atacar de otra manera, con tal que la invocación de «damas y caballeros...» o «señor presidente...» aparezca rápidamente (en las dos o tres primeras frases, por ejemplo): «Han tenido ustedes mucha razón, señores, al escoger para tema de este debate...», o también: «Es un honor para quien les habla haber sido llamado en semejante circunstancia a... Por eso, damas y caballeros, yo...». O, en fin: «El éxito de esta reunión tan concurrida, la calidad de los asistentes son, querido presidente, un signo de la vitalidad de su agrupación. Reciba, pues, la felicitación por haber sabido...»

El uso de la palabra debe siempre comenzar con unas frases amables dirigidas al auditorio: es la más elemental de las cortesías, la más evidente de las habilidades. Cumplido o agradecimiento, a condición de que sean manifestación de sinceridad y no sólo cláusula de estilo, tendrán, pues, cabida aquí.

«La principal regla es agradar y emocionar...», escribió Racine en el prefacio de *Bérénice*. ¿Cómo agradar más a las personas y cómo emocionarlas más que mostrándose amable con ellas?

Lo que mejor sé es mi comienzo

A condición de no malograr tampoco la conclusión, hay que dirigir todos nuestros esfuerzos a la introducción. No se lance ciegamente al tema central del discurso sin introducirlo hábilmente, con pertinencia. Comience por situar el objeto de su discurso, por mostrar la relación del tema particular con una situación o con un tema más general.

Así como toda obra tiene un título, el discurso debe tener también su introducción. La más directa y la más clara será siempre la mejor.

Ganará si es corta y vigorosa. Anunciadora del tema, a menudo lo será también del plan. Este comienzo puede ser, según las circunstancias, más o menos pedante o más o menos familiar. Así, al exponer un sistema, si quiere usted anunciar que hablará sucesivamente de los objetivos y de las razones de éste y luego de su funcionamiento, puede recurrir a una de las dos fórmulas extremas: «El examen de las finalidades precederá al estudio de las modalidades...» O: «Después de ver para qué sirve, nos preguntaremos cómo funciona...» Las fórmulas anunciando la progresión del *qué* al *por qué* y, después, al *cómo* pueden convenir en la mayoría de los casos.

La introducción puede ser, en fin, una ocasión para precisar la acepción de los términos del tema tratado, de aclarar algunas ambigüedades antes de comenzar el discurso propiamente dicho.

¡Hábleles a ellos, no hable delante de ellos!

Demasiadas personas, víctimas del antiguo sistema escolar («Dupont, ¡pase al encerado!»), hablan para una sola persona o, la mirada perdida en las alturas, como para ellos solos. Mire a su auditorio..., a los ojos. Interpele, dialogue formulando, por supuesto, preguntas y respuestas. Que quede claro que usted se dirige a un público, para informarle o convencerle, y no que realiza una presentación, una exposición académica ante un jurado.

Recuerde que en el diálogo, en la relación orador/auditorio, lo importante es el otro. No comience por «yo». Más tarde podrá ser más personal, más confiado, y hablar en primera persona, pero nunca para comenzar. Para interesar, movilizar la atención de los oyentes, no es sobre su persona sobre quien hay que dirigir el proyector, sino sobre la de ellos. Compare estas diversas formas de comenzar:

El recibimiento del alcalde en la fábrica

«Me siento feliz, señor alcalde, de recibirle en mi fábrica que mis ejecutivos le han mostrado esta mañana...»

O bien: «Pese a sus muchas ocupaciones, ha tenido usted a bien, señor alcalde, visitar nuestra fábrica. La dirección y todos los ejecutivos le damos la más cordial bienvenida y le agradecemos su visita...»

La reunión en el colegio

«Señor director, desearía proponerle una acción que permita a los padres, como usted desea de hecho, una participación más...»

O bien: «Usted desea, señor director, la participación de los padres de los alumnos. Somos varios en pensar que una acción...»

El turno de intervención en un comité

«Yo creo que se debería...»
O bien: «Acabamos de oír la interesante sugerencia de nuestro colega X... Lamento no poder considerar el adherirme a ella, salvo si...»

Recurra a lo concreto

Captar la atención está bien. Mantener el interés está aún mejor. Salvo excepciones, no es posible llevar la asamblea a las más altas cimas desde los primeros minutos. Y, además, al comienzo de un discurso no se está generalmente muy cómodo; hay que habituarse, afianzarse. Comenzar con ideas generales no le facilitará la labor.

Nada será más fácil de expresar que lo concreto. Describir hechos, citar cifras, contar una anécdota (¡vea a La Fontaine!), ¡eso es lo que colará sin dificultad! Eso es, también, lo que captará el interés del auditorio. Aun cuando haya tenido que lanzar de entrada una idea importante, siempre estará indicado ilustrarla con ejemplos antes de meterse de lleno en la exposición de ideas o en la controversia. Si, además, puede usted recurrir a ayudas audiovisuales (mapas, gráficos, diapositivas, objetos o muestras...), despertará y captará mucho mejor el interés del público.

Al mismo tiempo, la soltura del discurso, mayor en lo concreto que en lo abstracto, le permitirá calentar el ambiente, inspirar confianza sin grandes riesgos, puesto que es más fácil. Ahora ya está usted relajado para abordar los asuntos más trascendentales, mientras que el eventual nerviosismo ya ha pasado.

Ahuyente el nerviosismo desde las primeras palabras

Sara Bernhardt padeció el miedo escénico toda su vida: se lanzaba al escenario gritando para dar salida a su nerviosismo. Usted también puede librarse del nerviosismo siguiendo algunos consejos. En primer lugar, manténgase derecho, cómodo, y sonría mirando a la sala con simpatía. Busque con la mirada a las personas conocidas, a los amigos. Piense en lo que tiene en común con los demás, identifíquelos en su pensamiento de manera que dejen de ser desconocidos. Lance entonces una o dos palabras con una voz fuerte (por ejemplo: «¡qué honor!...» o «¡qué alegría!...» o también «henos aquí reunidos...»), luego respire, permanezca tranquilo, espere un poco antes de continuar con otras dos o tres palabras, también con voz fuerte. Nuevo silencio, con respiración, después, prosiga, una vez tranquilizado, con voz normal.

Siempre se habla demasiado deprisa. Es preciso, sobre todo al comienzo de un discurso, dejar que el público se habitúe al orador, a su personaje (su actitud, su aspecto, el sonido de su voz, etc.). Sólo después es cuando aparecerá el interés por sus palabras, a menos, precisamente, que un comienzo tranquilo, fuerte y seguro, no fuerce la atención. Finalmente, la respiración tiene la doble ventaja de calmarle el nerviosismo y, gracias a esa calma, proporcionarle autoridad, lo que le dejará tiempo para pensar en la continuación, para fabricar sus frases en la cabeza antes de formularlas.

Algunos consejos

No lo diga todo desde el principio, respete una gradación. Evite leer su texto; al contrario, improvise (pero, para ello, usted debe conocer la materia, haber preparado muy bien el tema). Sea natural, espontáneo, convencido e incluso, si es posible, entusiasta. Por encima de todo, sea sencillo y acuérdese de Verlaine: «Coge la elocuencia y tuércele el pescuezo...» Entonces usted saldrá airoso, no sólo de los cinco primeros minutos, sino de todo el resto del discurso.

Usted llama al médico

La medicina tradicional, en la que confiamos la mayoría de nosotros, se basa en el «coloquio singular»: un enfermo visita a un médico, le expone su enfermedad y le pide que la remedie.

Desde los primeros minutos el médico, que va a canalizar la entrevista, procede a un doble análisis: el estudio de la enfermedad según sus síntomas, la investigación de la personalidad del paciente, dado el carácter psicosomático (del campo de la mente y del cuerpo al mismo tiempo) más o menos acentuado de la mayoría de las afecciones: cada uno siente su enfermedad y se la representa a su manera; cada uno también reacciona ante la enfermedad según su carácter.

La terapéutica del diálogo

Una vez dentro de la consulta del médico, el enfermo está a menudo inquieto, tenso; a veces se crea un personaje. La primera intervención del médico será relajarle, volverle más natural. Así pues, no es sólo por cortesía por lo que el médico, si conoce ya a su visitante, le preguntará por su trabajo, por sus familiares, por su tipo de vida actual, etc., y por lo que, si no le conoce, procederá a realizar, a menudo hablando de unas cosas y de otras, el cuestionario elemental de identidad (nombre, edad, profesión, dirección, situación familiar) que le permitirá situarle. Este comienzo de la entrevista debe también aportarle confianza al paciente, confianza necesaria para que cuente sus miserias, revele sus enfermedades o sus dolencias, se muestre sin reticencias en posturas humildes.

El arte del médico consiste entonces en suprimir el malestar, en minimizar la circunstancia respetando al mismo tiempo el pudor, cada uno según su estilo: unos con una amistosa jovialidad, otros con una dulzura serena y comprensiva, la mayoría con esa habilidad que sólo proporciona la experiencia. Lo que se teme de la medicina de hospital, a veces sin razón de hecho, es no sólo el ambiente, el anonimato, la atmósfera de colectividad, sino también la publicidad del coloquio médico, que hace de nosotros un número, casi una «cosa», entre las manos de «doctores» en cuya ciencia creemos, pero cuya majestuosidad sentenciosa o la rudeza aparente sentimos también como una indiferencia hiriente.

El enfermo es, ante todo, un ser humano

Al principio de una entrevista privada el médico manifiesta más interés por el enfermo que por la enfermedad, lo que se comprende muy bien si pensamos en la cantidad de enfermedades con un fuerte componente del estado de ánimo. Desde ciertas alergias hasta la anorexia mental, desde la obesidad neurótica a la fatiga general, abundan los casos en los que intervienen elementos psicológicos como causas o como factores agravantes de la afección. Un violento despecho, una ira contenida pueden desencadenar una crisis hepática, y tampoco se puede despreciar la incidencia de las preocupaciones sobre el índice de colesterol o del exceso de trabajo sobre las dolencias cardiovasculares. Hacer que el enfermo se abandone y se entregue que, por la sola presencia del médico, se tranquilice, ésos son los objetivos del médico al principio del coloquio.

Ser escuchado, para quien sufre, ya es sufrir menos. Poder decir su enfermedad, describirla, intentar hacer objetivo lo que hasta entonces nos está obsesionando de una manera confusa y nos angustia subjetivamente hasta el punto de afectar a nuestros nervios es disminuir lo desconocido, delimitarlo, permitir que, finalmente, se le pueda poner remedio. Recuperar la esperanza, pensar en la curación, ya es sufrir menos. Para los seres civilizados que creemos ser el médico sigue siendo un poco como el gran hechicero, el que todo lo puede sobre lo fundamental, la salud y la vida. Mediante la amabilidad de su escucha y su atención simpática, sus investigaciones metódicas y su tono de autoridad, el médico se impone, y su influencia sobre el enfermo, más mágica que lógica, es por sí sola un factor de curación.

Una confianza cuasi mágica

Un hombre contaba que el doctor, llamado por la enfermedad de sus hijos, les curaba sólo con llamar a la puerta cuando llegaba. El problema era que la madre, emotiva y ansiosa, les hacía ponerse enfermos, perdiendo los nervios ante la menor dolencia. Impresionable, ella tenía una fe ciega en su médico. Antes incluso de los primeros minutos de la visita y como a través de una ola calmante anticipada, bastaba el anuncio de la presencia del «salvador» para que ella sintiera su presencia. Reconfortada la madre, la fiebre de los niños descendía antes de que el termómetro hubiera tenido tiempo de constatarla. La historia parece un poco una exageración propia de la ironía masculina. De todos modos, ilustra perfectamente la importancia del fenómeno de confianza que debe surgir de entrada entre curador y curado: una confianza que facilita el diagnóstico y que ya es en sí misma una terapéutica.

Ayude al médico

El paciente, por su lado, debe ayudar al médico en su diagnóstico. Los enfermos son quienes deben hablar los primeros, explicar el motivo de su visita o de su llamada.

Algunos se lanzarán a un mar de explicaciones, se remontarán a los orígenes, describirán encantados su dolencia, se perderán en digresiones... Paciente, el médico centrará nuevamente la conversación o tomará la dirección del coloquio mediante algunas preguntas concretas.

Otros, por el contrario, estarán crispados, avergonzados de tener que hablar de sí mismos, molestos por tener que dejar que se viole su intimidad, perturbados por una dolencia que les rebaja ante sus propios ojos. Reformulando las últimas palabras para relanzar la conversación en caso de silencio, adoptando la actitud de escucha estimuladora, el médico obtendrá mejores resultados que acosando con preguntas sistemáticas, sin perjuicio por ello de solicitar las precisiones que resulten necesarias. Pero éstas surgirán tanto más fácilmente cuanto mejor se haya predispuesto al paciente desde el primer momento.

De hecho, tras las presentaciones y cortesías de rigor, el enfermo debería exponer su caso de forma clara: síntomas, naturaleza, localización, importancia, circunstancias, periodicidad, etc. Absténgase de invadir las funciones del médico, de intentar caracterizar, de hacer hipótesis. Interpretar, coordinar, imaginar, descubrir y, finalmente, recetar son funciones del médico. Salvo en el caso de un paciente que sigue un tratamiento y, por ejemplo, para una reanudación de éste, estaría totalmente fuera de lugar abordar a un médico diciéndole: «Vengo a verle para que me recete...»

Sea claro y franco

Finalmente, última recomendación, el enfermo debe hablar francamente con su médico. No queremos hacer alusión aquí a las faltas de honradez que muchos médicos detectan instintivamente desde los cinco primeros minutos, hasta tal punto la experiencia en los contactos humanos ha agudizado en ellos una perspicacia que les permite descubrir de entrada a los simuladores o los estafadores (sustitución de personas para exámenes de aptitud o peritajes de daños, sustitución de identidad, con miras a obtener indemnizaciones acogiéndose a un régimen al que no tienen derecho, etc.).

Sea claro y franco en lo referido a su enfermedad, a sus manifestaciones y a sus circunstancias, evite despistar al médico con exageraciones o reticencias que podrían comprometer gravemente el éxito de su intervención. El médico le debe a usted, además de su asistencia facultativa, el secreto. Usted le debe la verdad.

Este estado de ánimo es el que deberá presidir la conversación y el que permitirá que surja desde los cinco primeros minutos la insustituible confianza recíproca, condición necesaria para el éxito de la relación médica.

Usted recibe a unos amigos

Se encuentra usted en el seno de un grupo en el que juega un papel principal: grupo social, en donde usted es el ama de casa, o simplemente grupo de amigos en la ciudad o en el campo, en el que usted es el anfitrión. Si bien los casos concretos varían hasta el infinito, con la diversidad de ocasiones de reunión que pueden darse, la situación permanece idéntica.

La llegada dentro de un grupo

Como el propio recién llegado, el grupo constituido es uno; tiene un cuerpo y una estructura (una cabeza y miembros), así como un alma. Y, de entrada, estos dos seres, el que llega y el grupo, tienen no sólo una identidad, sino también un estado de ánimo, un tono, casi una temperatura.

Para conseguir la integración del uno en el otro, el anfitrión debe ser previamente consciente de estas diferencias. Su esfuerzo tenderá a anularlas si éstas son superficiales o incluso imaginarias (los complejos), a atenuarlas y a soslayarlas si son reales. Posteriormente —pero sólo posteriormente— se esforzará el anfitrión en convertir al recién llegado en miembro del grupo estableciendo «puentes» entre éste y los demás.

Por ejemplo, usted ha invitado a un señor a cenar en su casa «a las nueve de la noche», le ha especificado claramente. Todo el mundo llega alrededor de las nueve y media, pero él, rezagado, aparece a las diez y cuarto. La reunión está en su apogeo; sólo falta él para que el grupo esté completo. Ha venido corriendo: llega jadeante; fuera hace frío: tiene la nariz roja y las manos frías; viene de la noche: las luces del salón le deslumbran. Además, está furioso consigo mismo. Ahora bien, aterriza en una asamblea alegre y relajada, en un ambiente cálido y confortable donde todo el mundo ha entablado relación y donde cada uno está inmerso en la conversación. Si, por añadidura, no conoce a nadie o casi nadie, se encuentra evidentemente en estado de máxima «diferencia».

Las diferencias que hay que anular o atenuar

La identidad del recién llegado se compone de su nombre, por supuesto, pero también de su edad, de su profesión, de su apariencia, de sus títulos, así como de su popularidad, de su encanto e incluso de la idea que él se hace, con razón o sin ella, de su importancia social o del grado de simpatía que puede inspirar.

Las pequeñas diferencias físicas circunstanciales —jadeo, temperatura, deslumbramiento— son, ciertamente, factores de malestar, pero que sólo requieren un poco de tiempo para desaparecer. La peor de las torpezas sería, pues, interpelar al visitante nada más llegar y —apenas presentado— lanzarle a la conversación. Déjele un instante para calmarse, adaptarse. Si su amigo, arqueólogo aficionado y miembro del Touring Club, acaba de volver de Egipto, usted evitará, pues, preguntarle desde el primer momento: «¿Qué nos cuentas de la esfinge y las pirámides?...»

Pero las demás diferencias, reales o experimentadas, los factores de importancia, de encanto o de prestigio del visitante, requerirán más cuidado para hacerlas desaparecer. Aquí radica todo el arte de la presentación y de los cinco primeros minutos de introducción en el grupo.

El arte de las presentaciones

Como anfitrión de la reunión, usted debe plantearse dos preguntas con respecto al recién llegado: ¿Qué es lo que puede desagradar de él al grupo o a alguien de sus miembros, y qué debo, pues, evitar? ¿Qué es lo que puede agradar de él a algunos o a todos, qué es lo que puede establecer «puentes» entre él y el grupo o algunos de sus miembros y qué debo, por consiguiente, rápidamente señalar para iniciar la integración?

En la práctica, tan pronto como el recién llegado haya sido presentado e intercambiados los saludos de rigor, reanude la conversación procurando que ésta sea clara para el recién incorporado. Si es preciso, facilítele el camino haciendo las precisiones necesarias. ¿Qué hace durante ese tiempo su amigo el impuntual? Se ha excusado por su retraso y se ha sentado por ahí, con un vaso en la mano. Ahora se va recuperando, respira, se calienta, se habitúa al ambiente y se acomoda un poco mejor en su butaca. Mira, escucha, descubre quién es quién y se pone poco a poco al unísono: hele aquí, tras unos instantes, al nivel de la reunión.

Usted aprovechará oportunamente entonces algún aspecto de la conversación general para pasarle la pelota. Si se pronuncia la palabra viaje, usted enlazará: «Bueno, viajero, ¿qué impresiones traes de Egipto?»; pero si es la palabra deporte la que aparece, usted puede decir: «¿Deportivas también tus excavaciones, querido egiptólogo?», y poner así al recién llegado en situación estelar.

Si la reunión se ha fraccionado en grupos, conversando aquí y allí en pequeñas reuniones, usted buscará lazos de unión más personales. Por ejemplo, a un empresario de obras públicas le dirá: «¿Sabía usted que su interlocutor le hace la competencia? Acaba de remover cielo y tierra en Egipto», mientras que con un profesor usted establecerá los lazos señalando: «Tiene un vecino al que no podría suspender en historia de Egipto.» Y si se trata de un militante de acción social, usted le lanzará: «¡Pregunte a nuestro amigo cuántos jóvenes forma en sus talleres de arqueología práctica!»

El gran secreto: buscar las convergencias

En una palabra, busque para cada uno la pasarela adecuada que permita al invitado expresarse, darse a conocer, intercambiando comentarios que interesen a los demás invitados. El gran secreto es la búsqueda de puntos comunes, de convergencias. Éstas no pueden aparecer demasiado pronto, pero hay que conseguir que surjan en los cinco primeros minutos.

Cuando presentamos a alguien hay que hacerle brillar. Pero, ¡cuidado!, no le abrume con excesivos cumplidos. Le haría sentirse confuso y se lo reprocharía a usted: resulta tan difícil luego mostrarse a su altura... Otro escollo que hay que evitar: no le tome la delantera a la persona que presenta. Dicho de otro modo, si bien es bueno encontrar las palabras que den una especie de ficha de presentación del nuevo invitado, no hay que detallarla excesivamente y hacer en su lugar el pequeño discurso que él quería pronunciar. No le perdonaría nunca que le dejara usted sin argumentos.

Algunos consejos

La mejor forma de acoger a un amigo dentro de un grupo será siempre ayudarle a encontrar puntos comunes con las personas presentes, acercarle a aquellos con quienes debe entenderse. Para lograrlo mencione sus títulos y cualidades, su actividad, su pasado y cite particularmente los signos curiosos o distintivos que vayan a atraer hacia él el interés o la simpatía. Recíprocamente, no olvide tampoco revelarle con tacto los motivos que puede haber para que él se interese por tal o cual de los asistentes.

En cuanto a las divergencias sociales, políticas, religiosas, a los estados civiles y a los estados anímicos un poco particulares, pueden ser objeto de un aviso discreto aparte o, por el contrario, de una alusión franca y oficial, para que cada uno se dé por enterado. Así, por ejemplo, usted pondrá al corriente discretamente, si es posible, a una pareja petulante y llena de entusiasmo que recibe esa noche a una mujer muy afectada por su divorcio y a la que hay que distraer. Ellos sabrán hacerlo con la moderación exigida. Y a determinado brillante universitario, que no todo el mundo sabía socialista, pídale claramente ante un público muy conservador noticias de su partido político para evitar así meteduras de pata a los no iniciados.

Usted tendrá tal vez la alegría —y éste es el encanto de muchas veladas que tienen éxito— de constatar que, junto a divergencias aparentes o de principio, se revelarán muchas convergencias de naturaleza más profunda. Pensando en ello de antemano, poniendo entusiasmo e imaginación, usted sabrá, como anfitrión consumado, acoger a todos sus amigos integrándolos en semejante grupo desde los cinco primeros minutos.

Usted se encuentra con un amigo que está de luto

La tristeza —la tristeza de los demás— nunca es atractiva. Si el motivo de la pena es un fallecimiento, esto es aún más cierto: la idea de la muerte nos perturba. Por eso, muchas personas huyen de sus amigos en la adversidad. ¿Debilidad, falta de sentimientos ante un deber elemental de cortesía y de simpatía? A menudo, es simplemente la torpeza lo que nos vuelve reticentes: ¿cómo abordar, por ejemplo, a un amigo que ha perdido un ser querido?, ¿qué decirle en los primeros momentos?

Para el superviviente la vida continúa

Como en toda relación con el prójimo, es preciso ponerse de entrada en su lugar. En primer lugar, para su amigo, la vida continúa. Por horrible que sea el golpe, por cruel que sea la pérdida sufrida, él continúa viviendo. Por abatido que parezca, está quizá comprobando, no sin vergüenza o sin pavor, que, por un misterioso mecanismo de compensación, todo lo que hace de él un «ser vivo» se ve fortalecido, todos sus apetitos aumentados...

Pero, aunque usted sienta interiormente piedad por ese doloroso complejo, usted se cuidará mucho de sugerir: «¡Vamos!, ven a dar una vuelta, tienes que distraerte», aunque usted piense con razón que un paseo sería un sano remedio. Si invita usted bondadosamente a su amigo a cenar para sacarle de su soledad, evite insistir sobre la comida con una compasión exigente: «¡Vamos, hombre!, come más, tienes que recuperarte...»

Una susceptibilidad a flor de piel

Verdaderamente, la persona que padece tiene una susceptibilidad a flor de piel; todo le molesta, le contraría, le apena. El buzón, atestado de condolencias; en la oficina, las miradas y los apretones de mano demasiado acentuados; en la vecindad, las caras compasivas, los conciliábulos apiadados. Pero están también los metepatas, los que no saben nada y vienen a preguntar por el que acaba de desaparecer. Por último, están los indiferentes... o los que son lo bastante negligentes o atolondrados para parecerlo. Su silencio provoca tanta amargura como la simpatía desbordante suscita la irritación.

Lo que espera la mayoría de las veces la persona que sufre es simplemente la presencia, la disponibilidad, la escucha. Es poco, aparentemente, pero ya es mucho: esta escucha debe ser una actitud sistemática y, al mismo tiempo, revelar la sinceridad del corazón.

Por desgracia, lo que ocurre generalmente es exactamente lo contrario. En nuestra torpeza para imaginar al otro tal cual es, en nuestra necesidad de arropar con nuestras propias concepciones la imagen que nos hacemos de él, en nuestra incapacidad para sentir realmente lo que él mismo siente (lo que actualmente se llama empatía), nos manifestamos de cualquier manera; comentamos la pena del otro, según nuestra óptica. Aventuramos palabras de consuelo, damos consejos, cuando lo que deberíamos hacer es seguir ese principio de «no directividad» que se invoca frecuentemente ahora a propósito de toda relación, ya sea jerárquica, funcional o de simple circunstancia. Es «directivo» quien no respeta la autonomía, la originalidad del otro, no le deja evolucionar, madurar, expresarse libremente, afirmarse.

Tres errores que hay que evitar

Tres errores hay que evitar absolutamente: la pregunta, la interpretación y la incitación.

Suprima sistemáticamente de sus condolencias las preguntas. Éstas no pueden parecer sino entrometidas: «¿Cómo te sientes tras semejante golpe?»; o confirmar la curiosidad malsana y cruel: «Pobre amiga, ¿cómo reaccionaste cuando te lo encontraste allí?»; o atestiguar la mera indiscreción: «Amigo mío, he estado pensando en los niños, ¿a quién se los vas a confiar?»; o grosera: «Al menos, pobrecita mía, espero que te haya dejado de qué vivir»; o incluso sórdida: «Y con tus hermanos y hermanas, ¿cómo van a ir las cosas?»

Absténgase de meterse en lo que no le importa. El que tiene necesidad de desahogarse, de confiarse, buscará tanto más su apoyo cuanto menos provoque usted sus confidencias. Él irá hacia usted tanto mejor cuanto menos le fuerce en los primeros minutos.

Juzgar o interpretar deben, asimismo, evitarse. Testimoniar amistad en el sufrimiento es, en primer lugar, respetar el dolor del prójimo, cuya naturaleza e intensidad se nos escapan. Y respetar es no querer evaluar, a menos de ser invitado a ello —y aun así, con la condición de seguir, de confirmar, pero nunca de preceder en el comentario—.

Esté presente, escuche, apruebe, acompañe en el dolor, pero absténgase de imaginar, de pronunciar: «Ahora, ¡todo el peso cae sobre tus hombros...!»

Es el drama del otro y no el de usted: no hurgue en la herida, espere a que él le hable de su soledad, de su responsabilidad, para evocar al desaparecido y sugerir que muchas de sus cualidades se encuentran en el superviviente que, inspirándose en su ejemplo, sabrá, etc.

Un objeto, un lugar, la mención de un hecho, pueden tener un fulgurante efecto de evocación, provocar una reincidencia del dolor que afectará violentamente a su amigo: proceda con el máximo tacto, porque ¿qué sabe usted de su panorama interno, de sus zonas de sufrimiento? Deseche, pues, toda aportación personal de su parte, toda tentativa de coger en marcha un tren que no es realmente el suyo. Sobre todo, no aporte su propio caso: «Yo, querido, cuando perdí a X..., creí que... y, sin embargo, he conseguido...» Los dolores particulares son incomunicables. Al que sufre las desgracias de usted nunca le van a parecer ejemplares, sus virtudes nunca le van a servir de referencia.

Por último, la incitación es tal vez, en semejantes casos, el más irritante de los errores. ¿Con qué derecho, a título de qué, dar consejos? Si hay un caso donde la libertad de un ser humano ha de ser respetada, es claramente ante el luto y el dolor. Si tal vez su interés material le resulta a usted perceptible, incluso si su experiencia y su amistad le autorizan a desear que su amigo siga tal o cual vía, que tome tal o cual decisión, usted sólo debe hablar cuando él se lo pida —y, sobre todo, no ahora, en los primeros momentos.

Ante todo, disponibilidad

La disponibilidad verdaderamente compasiva consistirá en suscitar las palabras del amigo. Una breve frase al comienzo de la conversación bastará generalmente para dar paso a la confidencia: «He sentido una gran pena cuando he conocido la dolorosa noticia...» Y si el silencio es la única respuesta, un silencio idéntico por parte de usted podrá tener mucha significación. A las palabras tensas y emotivas que pueden seguir responda reformulando en un tono neutro la respuesta del amigo: ésta es la mejor incitación para seguir. Esto le da a usted también la certeza de no lastimarle. Sólo hay, generalmente, un comentario que se puede hacer sin disgustar: la alabanza del desaparecido —pero con la condición de que sea original, personal y sincera...

Evocar al desaparecido

De este modo, usted tiene muchas posibilidades de llegar al corazón de su amigo. Dígale: «¡Qué gran hombre era tu padre! ¡Qué distinción en su reserva! Yo la consideraba frialdad —hasta el día en que comprendí que era modestia: recuerdo que nos observaba, nos escuchaba, en vez de humillarnos—. ¡Qué bondad tenía en interesarse por nosotros, que éramos entonces tan jóvenes y tan poca cosa!»

Hay de todo en esta frase: el pequeño detalle observado, que uno no se inventa y que, consiguientemente, emocionará, el carácter personal y, esperémoslo, la sinceridad.

Ante la pérdida de los seres queridos uno intenta a menudo convencerse de que su vida no ha sido inútil —es una forma de pensar que sobreviven, que queda algo de ellos—; por ejemplo, que han «llevado a cabo una obra» o «que han dado testimonio, ejemplo, una lección, prestado un servicio».

Tras las primeras palabras directas y sinceramente sentidas, un hombre le puede decir a otro: «Pase lo que pase, tus hijos guardarán toda su vida el sello de su madre: en unos años, desgraciadamente demasiado cortos, ha llenado, sin embargo, toda su vida de madre, con la educación... y un amor excepcional.» O también: «Nunca olvidaré lo que le debo a tu padre. Él fue quien me dijo... (o quien me aconsejó...), y siempre lo he tenido presente.»

Palabras así emocionan y reconfortan realmente: demuestran que uno se acuerda, es decir, que tuvo en consideración al desaparecido, revelan un interés sincero, pero ayudan también a soportar la muerte, sublimándola. Poniendo de relieve lo que pudo haber de más válido o de más noble en el difunto, aportan el sentimiento de una permanencia, al menos, en nuestro ánimo. A estos puntos fuertes son a los que uno desea aferrarse y damos el nombre de amigo a quien sabe sugerirlos.

¿Palabras de plata o silencio de oro?

En los cinco primeros minutos de una reunión de condolencias se puede estropear una amistad por torpeza. El silencio no será nunca excesivo si se sabe estar presente con el pensamiento, mientras que una palabra de más puede ser desastrosa. Cuidando de dejarle al otro llevar la conversación, usted evitará hacer el papel de profesor sabio o de filósofo resignado. Siendo sencillo, natural, sincero, usted ayudará mucho mejor al afligido escuchándole y no pretendiendo comentar ni dirigir una aflicción que, al fin y al cabo, es de él y no suya.

La reunión con alguien importante

En una reunión, la importancia respectiva de los interlocutores juega un papel primordial: no sólo la importancia real, sino la importancia subjetiva, la que cada cual se atribuye, con razón o sin ella, y la que se atribuye al otro en función de su apariencia, de sus títulos, de los talentos que uno le supone y, sobre todo, de la necesidad que se tenga de él.

Nada es, en efecto, tan relativo como la importancia del prójimo. Un desconocido cualquiera, un fulano indiferente, pueden adquirir para nosotros una repentina importancia debido a las circunstancias. Pueden presentarse imprevistos elementos de prestigio y, sobre todo, puede aparecer una relación de dependencia entre nosotros que haga que él tenga ahora poder sobre nosotros o que nosotros lo tengamos sobre él.

Para el automovilista, el guardia de tráfico forma parte de la decoración de la circulación urbana. En caso de infracción, el agente va a volverse importante. Ese invitado con el que tropezamos en un cóctel y que no nos inspira nada de particular puede, tras una presentación fortuita, resultar que se convierte en un importante cliente. Usted charla en la playa con un señor orgulloso de su mujer y de su coche. Él descubre que es usted profesor en el colegio de su hijo mayor. A través de los consejos que usted va a aportarle usted se convierte repentinamente para él en muy importante. La importancia jerárquica es relativa.

Para un empleado el jefe de su oficina es bastante más importante que el director general, pues él ve a éste muy lejano y, pese a su poder teórico, sin relación directa con su persona. Mientras que el jefe de su oficina puede ser indulgente con él, apoyarle o, por el contrario, amargarle la existencia.

Tener en cuenta las diversas importancias

Cabe, pues, distinguir dos clases de importancias:

— una, permanente, absoluta y, en cierto modo, constitucional de la persona en cuestión; es la importancia que emana de las virtudes fundamentales o de la autoridad de la que el otro está investido y que se impone a todos;
— la otra, ocasional, relativa y puramente circunstancial, resultará de la naturaleza de nuestras relaciones momentáneas con la otra persona, de nuestra mayor o menor admiración hacia ella y, por lo general, de lo que esperamos de ella.

Puede, naturalmente, que no se consiga realmente disociarlas. Nos hemos decidido a estudiar algunos casos entre los más típicos y habituales.

¿Cómo llamar a alguien que es importante?

Señor: es apropiado en todos los casos y nunca está fuera de lugar.

Querido señor: es demasiado familiar y conviene desterrarlo, a no ser que la edad, el sexo o una importancia comparable parezcan permitirlo.

Señor + el título profesional (presidente, director, profesor, inspector, etc.): es una fórmula al uso en ciertas empresas, cuerpos administrativos, ciertas regiones.

Un director adjunto o un subdirector recibirán el tratamiento de «señor director».

USTED SE REÚNE CON SU JEFE

Entendemos aquí por jefe a la persona que representa el cargo más alto dentro de su empresa y de quien depende la estructura profesional en la que usted ejerce.

A menos de ser su colaborador inmediato, uno no habla con su jefe todos los días. El contacto tiene, pues, un carácter de relativa rareza, si no de excepcionalidad. Generalmente, se habrá sido convocado y se acudirá, evidentemente, con la máxima puntualidad.

Dejar hablar y saber escuchar

El jefe es quien primero va a atacar. Sabe lo que tiene que decir. Como normalmente dispondrá de poco tiempo, irá derecho al grano. A poco que haya sido advertido sobre el motivo de la entrevista o que haya podido suponerlo *, usted se habrá preparado concienzudamente para estar en condiciones de responder a las preguntas que se le planteen.

La actitud aconsejable es, evidentemente, una actitud de escucha y

---

* El entorno del jefe, su secretaria, sin traicionar la discreción, son a veces valiosos agentes de información sobre el actual humor del jefe, el motivo de sus preocupaciones, sus proyectos en curso.

de disponibilidad. Aunque se tenga la cortesía de preguntarnos por nuestra salud o nuestra familia, hay que evitar entablar la conversación sobre esa vía y dejar que llegue cuanto antes lo fundamental. Tanto si lo que desea de nosotros es hacernos una observación como interrogarnos sobre nuestro departamento, recurrir a nuestra competencia o encargarnos un trabajo o una misión, lo importante es ponerse mentalmente en su lugar, comprender exactamente lo que espera de nosotros.

La respuesta que demos a las palabras del jefe deberá inspirarse siempre en esta máxima: responder a la preocupación patronal en una línea patronal.

Su turno

Los primeros minutos son decisivos. El jefe detectará enseguida si usted ha comprendido los objetivos de la entrevista, como también se dará cuenta de lo contrario. Y, en este caso, usted habrá perdido para él toda la estima que él creía poder otorgarle. En resumidas cuentas, usted dispone de cinco minutos para demostrar sus aptitudes.

La frase de bienvenida

Las fórmulas de «buenos días, señor...» y «adiós o hasta la vista, hasta mañana, señor...» pueden ser apropiadas tanto con personas importantes como con las demás. Se pondrá siempre un tono adaptado, completado con una actitud matizada. No obstante, ciertos jóvenes o personas muy tradicionalistas podrán expresar sus «respetos» a sus superiores o a una personalidad muy importante. Esto resulta obligatorio en el ejército. Está más indicado ante un prelado o un magistrado. Su empleo es habitual ante un ministro, una alta autoridad y con las personas de edad muy avanzada.

A las damas, con mayor motivo si son importantes, uno les presenta «sus respetos».

Lo esencial reside, de hecho, en el tono y la actitud, que deberán evitar tanto la adulación como la impertinencia.

ES USTED CONVOCADO PARA UNAS DILIGENCIAS JUDICIALES

Le han convocado. Tal vez el juez de instrucción o el de menores, o incluso el juez de divorcios, para el acto de «conciliación» previsto por la ley.

Le llaman. No se moleste si, en un pasillo en donde esperan como usted gentes de todo tipo un ordenanza llama a voz en grito: «¡Dupont... Émile...!», sin el tratamiento cortés de «señor» que usted podría esperar.

En su despacho el juez está sin su toga. Pero le recibe a usted sentado. Majestad de la justicia. Y el escribano está también presente.

Espere a ver qué ocurre

Usted tendrá deseos de explicarse. En primer lugar habrá que proceder a una serie de verificaciones y a definir su identidad y la función o condición con que usted comparece. El juez hojea el dosier, examina diversos apartados y le hace a usted preguntas a veces desconcertantes o incluso irritantes. Un buen consejo en ese caso: espere antes de actuar. De todos modos, es el juez quien dirige la partida. Tiene de su lado el procedimiento, las formas, los usos y costumbres. Y, además, están sus hábitos personales. Mantenga la calma, no se enfade, intente comprender la forma en que él actúa o, en cualquier caso, admitirla.

Sea claro y conciso

Responda tranquilamente a sus preguntas. Diga la verdad. No diluya sus respuestas en un mar de explicaciones y en una descripción excesiva de sus estados anímicos.

El juez tiene prisa, no siempre está bien preparado, bien informado. Déjele hacerse una idea facilitándole la labor. Confíe en él y procure ser usted mismo.

El resto dependerá de los documentos del dosier y de la sagacidad del juez.

Es fundamental que su primer contacto no vaya a embrollar unos y a desconcertar a la otra.

USTED SE ENCUENTRA ANTE UN SUPERIOR JERÁRQUICO

Lo que no hay que hacer en modo alguno

Quejarse:

— Quejarse de sus problemas personales en el trabajo (clientes o interlocutores comerciales poco comprensivos, condiciones ma-

teriales de instalación del departamento, calefacción, horarios, etcétera).
— Quejarse de sus colegas, de su carácter, de su incompetencia, de su conciencia profesional, etc.
— Quejarse de la dirección, de sus exigencias, de la poca recompensa que uno obtiene a cambio de sus desvelos...
— Quejarse de la vida en general, de la carestía de la vida en particular, del gobierno, del tiempo que hace, de lo fatigoso del trayecto, de las dificultades familiares...

Lo que hay que hacer

— Llegar en cuanto le llamen.
— Parecer contento por la llamada.
— Preguntarle breve, pero sinceramente, por algún asunto personal que usted sepa que le preocupa (su salud, su coche, su familia, su casa de campo, etc.).
— Escucharle con un interés sincero (si es preciso, tomar notas).
— Si él le pregunta, tener respuesta para todo... Pero, si no lo sabe, no mentir.
— Hacerle sentir que el departamento marcha bien, que puede contar con él. Pero no ponerse usted personalmente como responsable.
— Si tiene usted que anunciarle éxitos del departamento o buenas noticias, diga «nosotros». No lo dude. De hecho, ésa es la palabra que él empleará para comunicarlo a la dirección.
— Haga, sobre todo, que él tenga la impresión de sentirse comprendido, apoyado, seguido, estimado.

USTED SOLICITA UNA ENTREVISTA CON EL PROFESOR DE SU HIJO

Toda entrevista es tanto más positiva cuanto mejor haya sido preparada. Ésta habrá de ser breve (otros padres esperan).

Antes

— Recuerde que el profesor es él. No vaya a verle con la intención de enseñarle su oficio.
— Tenga cuidado de no desviar la entrevista fuera del marco escolar.

— ¡Estamos en 1991! No empiece a contarle los métodos en vigor «en su época».
— Convénzase de que, salvo excepción (motivos de salud, miopía, dislexia, etc.), su querido hijo no es un «caso particular».
— Fije un límite de un cuarto de hora para la entrevista, él tiene su tiempo contado (clases que preparar, exámenes que corregir, clases particulares, etc.).

Durante

— No comience con una queja, una reclamación.
— Que sus primeras palabras, sin ramplonas adulaciones, le dejen ver que usted aprecia su forma de enseñar.
— Hágale hablar sobre su hijo. Esta es su oportunidad de tener una opinión complementaria (su comportamiento escolar puede ser distinto de su comportamiento familiar).
— Que su actitud global sea la de una solicitud de consejo con la intención de una futura colaboración.

USTED VA A CONSULTAR A UN ABOGADO

Lo que hay que hacer

Después de la toma de contacto, esponga tranquila y claramente el asunto que motiva su consulta: un proyecto de divorcio, un recurso de indemnizaciones tras un accidente de circulación, etc.

A continuación usted mencionará los hechos, en orden cronológico, brevemente, citando solamente lo esencial y, finalmente, situando dónde reside el conflicto, en qué consiste, cuáles son las posturas respectivas.

Pero esto requiere dos cualidades: la primera es un dominio sentimental, una objetividad, que no suelen ser generalmente propias de los litigantes. Un conflicto siempre trastorna el corazón.

La segunda cualidad es poseer un mínimo de información jurídica y de práctica en estos asuntos que le permitan presentar su problema con clara pertinencia. Rara vez es éste el caso de los litigantes. Tranquilícese, éste es el papel del abogado, que está allí para defender sus intereses. A él es a quien incumbe relacionar los hechos, organizar el expediente y presentar finalmente una demanda.

Lo que usted puede hacer

Usted puede presentarse de diversas formas. Por ejemplo:
«Buenos días, mi nombre es X... Tengo, con tal persona, tal relación de parentesco, de negocios o de amistad. Y ella es la que me ha aconsejado que le pida a usted su opinión.

En esta hoja encontrará mi nombre y apellidos, mi dirección, mi estado civil y diversos datos.

Vengo a consultarle el problema siguiente [y aquí se lo explica en tres frases].

Si tiene a bien preguntarme, le responderé lo mejor que pueda.»

Consejo general

Sus motivaciones sentimentales podrán resultar quizá de utilidad al abogado para hacerle comprender su estado de ánimo. Pero recuerde que para servir sus intereses tendrá que apoyarse en hechos concretos, pruebas, documentos, actas, dentro de un marco legal y no sobre lo que puede ser su «sentimiento de la justicia», aun cuando él lo comparta. Con este ánimo, facilítele la labor adaptando, desde los primeros momentos, su actitud a sus necesidades.

El comienzo de una reunión de trabajo

A menudo se denomina «reunión de trabajo» a reuniones que no lo son.

La dirección convoca una asamblea más o menos importante de colaboradores para aportar una información, una revelación. Uno escucha, toma nota y se va. No ha habido realmente ningún trabajo en común.

Otras veces, es un responsable el que reúne a su equipo para definir un plan, indicar una línea de acción, hacer algunas advertencias u observaciones sobre su departamento o servicio; en resumen, comunicar sus instrucciones. Aquí también se asiste, se «padece», no se participa.

Por último, están esas reuniones periódicas, programadas ritualmente, destinadas a garantizar la cohesión de un departamento, a intercambiar puntos de vista, a hacer circular informaciones. En esas ocasiones puede haber intercambio, pero no necesariamente trabajo.

Llamaremos «reuniones de trabajo» a aquellas en las que, sobre un asunto en el orden del día, un trabajo en común conduce a un progreso, a una construcción. Se analiza una dificultad, se estudia en común, se propone o se objeta, se decide quizá. La comisión de estudio, el comité de dirección, el consejo de administración son de esa naturaleza, pero también muchas reuniones de departamento en las empresas donde reina un auténtico espíritu de equipo. A este tipo es al que nos limitaremos.

Ahora se trata de comenzar la reunión por el buen camino desde los primeros momentos.

Sobre la pista

En los instantes que preceden a la hora prevista se ha visto llegar a las personas convocadas. ¿Se puede presagiar su estado de ánimo por su apariencia? Lo cierto es que, visibles o no, las preocupaciones de cada uno a las puertas de la reunión son una circunstancia específica de cada participante. Llegado el momento, la gente se instala. Sólo falta el clásico impuntual, que va a aparecer, corriendo, los papeles bajo el brazo y disculpándose («un comunicante al teléfono, que no acababa nunca...»). Ya están ustedes listos para comenzar la reunión.

Si, como Asmodeo, usted levanta la techumbre de la reunión antes de que comience, asistirá a un misterioso reagrupamiento que, en apariencia, es la aproximación de las simpatías. Aquí se conversa, allí se bromea, más allá dos señores intercambian seriamente opiniones sobre un tema general, a menos que ya hayan pasado a comentar el tema de la reunión. Pero, en realidad, estos acercamientos son la mayoría de las veces inconscientes o deliberados, maniobras de fuerza, tal vez, incluso un esbozo de alianzas.

Estar alerta

La dirección espera de cada uno ideas, competencias, para llegar al resultado positivo de un trabajo conjunto, mientras que los participantes llegan a la reunión con la confusa idea de prepararse para un combate. ¿No se va de hecho a debatir y a «polemizar»? Sin hablar de la competencia entre departamentos, de las corrientes de opinión, el hecho es que cada uno llega con la impresión de que va a tener que afrontar a los demás. Se nos va a pedir la opinión sobre problemas concretos, nuestros pronósticos respecto a una posible evolución, nuestras formas de concebir las cosas. Nada descubre más el fondo de la personalidad de alguien que la revelación de su actitud ante los problemas profesionales: optimista o pesimista, audaz o timorato, maníaco primario o mezquino, rigurosamente reglamentario o fantasista muy flexible, de visión independiente o sintética...

Por otro lado, uno no llega neutral y sin un interés particular a las puertas de una reunión. Algunos van a temer que su política o sus métodos sean cuestionados, que se modifique su actividad. Otros temerán que les encarguen nuevas tareas, cuando su personal está ya sobrecargado. Éste sueña con que le confieran responsabilidades halagadoras y de promoción. Aquél, en fin, refunfuña interiormente que con todas estas reuniones le hacen perder su tiempo y que estos «bla-bla-bla» no sirven para nada. Las preocupaciones son tan diversas como las situaciones posibles y los caracteres de los participantes. La intensidad de la disponibilidad de cada uno, el potencial de las aportaciones positivas respectivas son, pues, muy variables en función de las influencias externas preexistentes.

¿Cómo va a hacer el responsable para lanzar la reunión?

Dos tipos de comienzo

1. El animador, de tipo presidencial, abre la sesión y, tras la habitual introducción más o menos paternalista, expone el motivo de la reunión, dice lo que hay que esperar de ella, anuncia el procedimiento y el plan de la discusión y pone en marcha el debate...
2. El responsable, tras un breve exordio de circunstancias, encarga a un participante, tipo ponente, exponer el problema y abrir la discusión.

El primer tipo de comienzo lo encontraremos a menudo cuando la reunión tiene por objeto un problema de política de la empresa. El segundo tipo será casi siempre el elegido cuando se trate de técnicas de trabajo.

Tanto en uno como en otro caso, se desea obtener una atención inmediata, una concentración de todos sobre el interés común, en donde cada uno aporte, en orden y en armonía, lo mejor de sí mismo a la solución del problema.

Agrupar, federar

Si tenemos en cuenta la actitud defensiva de los participantes antes de la reunión, el papel del responsable será, de alguna manera, el de agrupar, federar las diversidades, calmar las ansiedades, conciliar las agresividades, a fin de conseguir una «recuperación» dentro de los cinco primeros minutos.

¿Qué es lo que puede concentrar de entrada a todo el grupo en un esfuerzo de atención? ¡Zanahoria o palo, eternos incentivos de la naturaleza humana! El miedo o el interés. Una información, una hipótesis pesimistas, pueden servir para el caso; las cuales se deben dosificar según las circunstancias y la mayor o menor aptitud de los participantes para la inquietud.

Tres ejemplos

I.   Fábrica de provincias, reunión de la directiva

Tema: Organización de la empresa. Introducción del director: «Señores, nuestra dirección de París constata que, pese a sus esfuerzos —de los que soy consciente—, nuestros gastos de funcionamiento presentan un fuerte crecimiento. Se nos pide detenerlo. Es evidente que, si no lo logramos, el control central vendrá a imponernos una reorganización de estructura y de métodos. El objeto de nuestra reunión es estudiar nosotros mismos la reorganización de la fábrica.»

II.   Dirección comercial en París, reunión general

Tema: Fomento de la exportación. Introducción delegada por el director en el jefe del «departamento de extranjero»: «Señoras y señores, nuestro principal competidor, gracias a una modernización de su maquinaria, acaba de sacar un producto idéntico al nuestro, pero un 10 por 100 más barato, lo que va a ponernos en un serio aprieto. Por fortuna, nuestra implantación en el extranjero es mejor y nos proporciona una ventaja, y la situación monetaria es actualmente favorable para los productos franceses. El objeto de la reunión es ponernos de acuerdo sobre la mejor forma de aprovechar urgentemente las circunstancias para consolidarnos ampliamente en el exterior.»

III.   Comité de redacción de una revista

Tema: Política de la publicación. Introducción del redactor jefe: «Amigos, hay que moverse. La tirada baja. Pero nosotros deseamos proseguir con nuestro mensaje. Entonces, ¿cambio de público o cambio de rumbo? ¿Modernizar el tono y la presentación o pasarse al enemigo?»

Parece superfluo insistir sobre la naturaleza de los motivos de inquietud y de interés aportados a estos participantes. Al animador le corresponderá, mientras prepara la reunión, encontrar las palabras que presenten y actualicen el problema que hay que debatir, de forma que los sentimientos que provoquen en el auditorio sean lo bastante fuertes para resultar motivadores. Entonces es cuando él creará un grupo.

Conciliar, impulsar, animar

Las agresividades latentes de cada uno deben ser desviadas hacia un tercero, adversario común o mito temido en común, y transformadas (como por aplicación intelectual de una ley de Joule) en energías aplicadas a la tarea común.

Tras distraer a los asistentes de sí mismos encontrándoles un tema común de atención y de interés, hay que lanzarles a la acción mediante el aprovechamiento de sus propias tensiones.

A cada ejemplo su táctica

I. Si el director lanza la pregunta: «¿Quién quiere tomar la palabra?», va sin duda a desencadenar un concierto de sugerencias y contrasugerencias, inspiradas todas en la mentalidad defensiva particular. Si, por el contrario, dice: «Señor Martín, usted, que es el único que ha cumplido los plazos, ¿querría indicarnos si sugiere usted una reforma global o un estudio sección por sección?», halaga al señor Martín, que se verá obligado a «mojarse» en una exposición general que todos escucharán atentamente, analizándola, y la discusión resultará, a partir de ahí, constructiva.

II. Encontramos aquí todos los elementos de una situación explosiva: los técnicos, cuyo producto tiene un precio final muy elevado, culpan de ello a los financieros, que no les han aportado los medios de desarrollo. Los comerciales formulan reproches a los técnicos, que les suministran un producto caro y actualmente con mucha competencia. La única solución es el «brainstorming» *. Al no estar nadie comprometido por sus elucubraciones, ni siquiera las más fantásticas o estrafalarias, nadie es ya responsable de sus sugerencias, el espíritu de polémica desaparece, cada uno va poco a poco a meterse en el juego,

---

* Término norteamericano. Literalmente, «tormenta en las cabezas». Reunión en la que cada uno aporta ideas sobre una cuestión para resolver un problema. Por lo tanto, tormenta de ideas. Pensar en voz alta.

y la dirección tiene muchas posibilidades de recolectar una cosecha de ideas acordes con sus preocupaciones, en cualquier caso, desprovistas de acritud, y la atmósfera de emulación ligera, activa, del «brainstorming» habrá unido al grupo en una situación difícil.

III. Aquí, por último, será preciso sin duda dejar que los más veteranos aboguen por la necesaria fidelidad de la revista a su línea, antes de preguntar a los más jóvenes qué modificaciones sugieren en los métodos de redacción.

Conclusión

Una reunión no se improvisa. La competencia y la buena fe del animador, aun contando con la buena voluntad de los participantes, no pueden ser suficientes. Se necesita un poco de psicología natural, un poco de sensatez, ante el carácter de las personas a las que hay que reunir.

Es en los cinco primeros minutos cuando la acción ha de orientarse por las vías adecuadas. Es también en estos cinco primeros minutos cuando hay que crear el «tono» de la reunión. El animador, como un director de orquesta, deberá crear siempre, en primer lugar, la unidad del grupo en la disponibilidad y, después, suscitar mediante el estímulo adecuado la atención y el interés, sin segundas intenciones. Entonces podrá ilusionar a su equipo en una búsqueda colectiva.